Henner Kotte Die Tote aus dem Zöffelpark

Henner Kotte

Die Tote aus dem Zöffelpark

Drei authentische Kriminalfälle
aus der Region Chemnitz

Bild und Heimat

Von Henner Kotte liegen bei Bild und Heimat außerdem vor:

Bonnie & Clyde vom Sachsenplatz *und zwei weitere Verbrechen* (Blutiger Osten, 2018)
Falsche Ideale. *Fünf wahre Verbrechen* (Blutiger Osten, 2019)
Ministermord unter der Augustusbrücke. *Ein historischer Kriminalfall aus Dresden* (Blutiger Osten, 2019)
Populäre sächsische Hofgeschichten (2019)
Populäre sächsische Legenden (2019)
Leipziger Mordsspuren. *Ein kriminalistischer Spaziergang* (2019)
Die vermauerte Frau. *Wahre Verbrechen aus Leipzig* (Blutiger Osten, 2020)
Sächsische Unterwelten. *Bunker, Keller, Tunnel, Höhlen … Auf den Spuren des Verborgenen* (2020)
Jugend mit aller Gewalt. *Sechs authentische Kriminalfälle aus Sachsen* (Blutiger Osten, 2021)
Der Opfermord von Belmsdorf *und zwei weitere authentische Kriminalfälle aus der Oberlausitz* (Blutiger Osten, 2021)

ISBN 978-3-95958-310-7

1. Auflage

Umschlaggestaltung: capa
Umschlagabbildung: Chris Keller / bobsairport
Druck und Bindung: CPI Moravia Books s. r. o.

SUPERillu

In Kooperation mit der SUPERillu
www.superillu-shop.de

Inhalt

Die Tote aus dem Zöffelpark

Crimmitschau, 1949

»Mein bist du, und wärfen Höll' und Himmel
sich zwischen uns!«

Friedrich Schiller: *Kabale und Liebe*
(Reclamheft am Tatort gefunden)

»Nachdem viele Jahre lang nur sehr wenige Pflegemaßnahmen im Zöffelpark durchgeführt werden konnten, wirkt der gegenwärtige Eingriff erheblich. Viele Bäume mussten entfernt werden, um den verbleibenden Baumkronen den notwendigen Raum zur Entwicklung zu geben und die bereits vorhandenen Jungpflanzen unter dem Altholz für eine umfangreiche Naturverjüngung zu nutzen. Bereits im Sommer 2016 wird sich dieser Nachwuchs zu prächtigen Jungbäumen entwickelt haben.« Crimmitschaus grüne Lunge präsentiert sich wieder in natürlichem, gesunden Grün, als Naherholung vor der Haustür: »Mit dem Einbetonieren der sieben Papierkörbe sind die Arbeiten zur Hochwasserschadensbeseitigung im Zöffelpark nun abgeschlossen. Im Juli 2015 wurde mit der Wegeinstandsetzung des 18 Hektar großen Parks begonnen. Beim Juni-Hochwasser 2013 waren rund 11 000 m^2 Wegenetz beschädigt worden. Die Finanzierung der Gesamtkosten von 220.000 Euro hat zu

100 Prozent der Freistaat Sachsen übernommen. In den vergangenen Wochen wurden unter anderem die Wege mit einer sandgeschlämmten Schotterdecke und 170 Tonnen Mineralgemisch zur Wegeprofilierung aufgezogen sowie 18 Bänke und sieben Papierkörbe aufgestellt. Seit dem 1. Januar 2015 werden zirka 12,6 Hektar und somit mehr als zwei Drittel der Parkfläche forstwirtschaftlich genutzt und betreut. ›Das schwierigste bei dieser Arbeit war die Herstellung der Verkehrssicherheit. Viele Bäume und Äste mussten verschnitten werden ohne Schäden zu hinterlassen‹, sagte der Verantwortliche des Grünflächenamtes. Der Park auf einer Anhöhe im Süden der Stadt Crimmitschau war Ende des 19. Jahrhunderts von dem Textilfabrikanten Emil Oskar Zöffel angelegt worden.«

Crimmitschau spiegelt sächsische Geschichte seit Siedlungsbeginn wider. Bereits 974 wird ein *pagnus plisni* – ein Pleißengau – erwähnt. Vor allem jedoch steht die Stadt an der Pleiße exemplarisch für die Industrialisierung ab Mitte des 19. Jahrhunderts. Maßgeblich die Textilindustrie fasste vor Ort Fuß, bald nannte man die im Vorerzgebirge gelegene, aufstrebende Metropole »Stadt der hundert Schornsteine«. Brockhaus' Konversations-Lexikon vermerkt 1894 unter dem Stichwort Crimmitschau: »Die bedeutende Industrie (105 Fabriken, 5504 Arbeiter, 112 Dampfmaschinen) erstreckt sich hauptsächlich auf Spinnerei und Weberei; 80 Spinnereien mit 210 000 Spindeln liefern teils wollene Garne, die gleich am Orte selbst verarbeitet werden, teils (hauptsächlich Vigognegarne [Fasergemische]) zum Export nach England, Rußland, Skandinavien, Italien, der Schweiz und den Rheinlanden. Dann folgt die Fabrikation Herrenkleiderstoffen, namentlich Buckskins und Rockstoffen, die ihrer Güte wegen nicht nur in Deutschland und den Nachbarländern, sondern in mehreren überseeischen Ländern sehr gesucht sind. Auch Cassinets, Circassienes und Kasimirs [Mischgarne] werden in allerlei bunten Farben für Mexiko und andere Tropenländer gefertigt. Es bestehen 55 Streichgarnspinnereien, 355 Handspinnmaschinen, 133 Selfactors (133 980 Spindeln), 1006 Buckskinstühle, 67 mechanische Stühle, 191 Stühle für halbwollene Waren; ferner 40 große Färbereien, 2 Papierhülsenfabriken, 3 Maschinenfabriken (Dampfmaschinen, Appreturmaschinen, Maschinen für Wäscherei, Färberei, Brauerei und Brennerei), zwei Bierbrauereien, mehrere Eisengießereien, eine Kinderwagenfabrik und mehrere Ziegeleien.« Die Familie Zöffel wurde Crimmitschau zum Markenzeichen, nicht nur der Stadtpark und sein Name zeugen vom Unternehmer und Unternehmen.

Die Zöffels entstammen (wahrscheinlich) dem Westerzgebirge nahe Schneeberg und betrieben wohl da eine Lohmühle und Gerberei. Aktenkundig wird einer der Ihren wegen staatsgefährdenden »Aufruhrs« im Zuge der Märzrevolution im Jahre 1848: Karl August Zöffel. »In das Visier behördlicher Überwachung und rechtlicher Sanktionierung gerieten zu allen Zeiten nicht nur die üblichen Gruppen von Kriminellen, sondern auch solche Personen, die temporär als kriminell betrachtet wurden. Dabei handelte es sich um sogenannte Staats- und Hochverräter. Im 19. Jahrhundert traf dies vor allem zu auf die Vorkämpfer von Demokratie und Republik, die sich 1848 unter anderem auch in Sachsen zuhauf zusammenfanden, um an Barrikadenkämpfen oder Demonstrationen teilzunehmen.« Karl August Zöffel saß Jahre im Zuchthaus zu Waldheim ein. Fortschrittsdenken über den eigenen Vorteil hinaus – eine Maxime für persönliches Handeln, die auch nächste Generationen seiner Familie beeinflusste.

Der in Crimmitschau bekannte Emil Oskar Zöffel wurde 1859 an der oberen Pleiße geboren, absolvierte eine Ausbildung zum Weber und war in mehreren Textilbetrieben der Stadt angestellt, bis er sich 1890 selbständig machte und mit zwei mechanischen Webstühlen seine eigene Tuchfabrik gründete. Fortschrittlich der Familienzusammenhalt der Aufbauphase: Zöffels »gute liebe Frau hat von Anfang an sehr regen Anteil am Geschäft genommen. Sie hat zu Hause Stücke abgelesen, Waren mit verpackt und sonstige Arbeiten mit versorgt, welche im Hause gemacht werden konnten. Ich konnte dafür mehr in der Fabrik sein, wo ich die Ketten scheren musste, Stücke putzen und ausnähen, aber ich musste auch die Webstühle reparieren, wenn irgendein Bruch daran vorkam. Kurz und gut, ich und meine Frau Henriette haben täglich mehr als 14 Stunden gearbeitet, trotzdem wir inzwischen 6 Kinder erhielten. Die ältesten mussten zum Teil auch helfen. Die ganze Familie hat mitgeholfen, dass wir vorwärtskamen.« Im wirtschaftlichen Aufschwung jener Zeit entwickelte sich Zöffels Textilunternehmen rasant und behauptete sich erfolgreich auf dem Markt. Man produzierte auf der Lützowstraße und erweiterte das Werk ständig um neue Hallen und Gebäude. Im Ersten Weltkrieg fertigte Zöffel fürs Militär und überstand mit dem damit gemachten Profit die anschließende Krisenzeit.

Emil Oskar Zöffel avancierte zu einem der reichsten und prominentesten Bürger der Stadt. Am 17. Mai 1933 erhält der Industriemagnat die Ehrenbürgerwürde Crimmitschaus, im selben Jahre noch stirbt der Unternehmer. »Sozial gesehen, hatte er zwei Gesichter, auf der einen Seite war er einer der Textilfabrikanten, die 1903 den Textilarbeiterstreit in der Stadt hart bekämpften, auf der anderen Seite spendete er der Pleißenstadt 1913 einen Park im Osten der Stadt, welcher später auch seinen Namen tragen sollte.«

Die DDR machte 1954 aus Oskar Zöffels Unternehmen Volkseigentum und gliederte es 1962 in den VEB Volltuchwerke Crimmitschau ein. »Bis 1990 fertigt man hier Tücher für den Weltmarkt. Doch nach dem Ende der DDR-Wirtschaft und der politischen Wende war auch hier Schluss. Mit Beginn eines wiedervereinten Deutschlands gehen in Emil Zöffels Lebenswerk für immer die Lichter und Maschinen aus.« Doch hält Crimmitschau den Namen wie den Park Emil Oskar Zöffels in Ehren.

Schrecklich aber ist das Geschehen, das die *Freie Presse*, Lokalseite Zwickau-Land, am 8. April 1949 unter der Überschrift »Mord in Crimmitschau« meldet: »Am 5. April 1949, gegen 6.20 Uhr, wurde die Näherin Christa Ruick, 25 Jahre alt, im Zöffelpark ermordet aufgefunden. Die Ermittlungen ergaben, daß die R. durch Schläge auf den Kopf mittels eines Hammers getötet wurde. Der Hammer wurde am Tatort gefunden. Die Kriminalpolizei wendet sich hiermit an die Öffentlichkeit mit der Bitte, mitzuhelfen, daß dieses abscheuliche Verbrechen geklärt und gesühnt werden kann. Wer hat die R. am Montag, den 4. April 1949, in der Zeit von 21.45 bis 22.30 Uhr in Begleitung einer Person gesehen? Wer hat zur fraglichen Zeit verdächtige Personen in der Nähe des Tatortes gesehen oder bemerkt? Wer hat Schreie gehört? Wer hat Personen mit blutiger Kleidung beobachtet?
Jeder, auch der kleinste Hinweis kann für die Kripo von größter Wichtigkeit sein. Mitteilungen werden auf Wunsch vertraulich behandelt. Meldungen nimmt die Revierkriminalpolizeistelle Crimmitschau, die Kreiskriminalpolizeiabteilung Zwickau, Tel. 5141, App. 117 oder 125, sowie jede Polizeidienststelle entgegen.«

Alwin Bittner hat den Leichenfund im Zöffelpark gemeldet. Die Polizei vor Ort nimmt die Sachlage zur Kenntnis und verständigt die Mordkommission der übergeordneten Kreisstadt Zwickau. »Betreff: Auffindung einer gefesselten weiblichen Leiche mit starken Schädelverletzungen im Zöffelpark Crimmitschau.

Am 5.4.1949, gegen 6.30 Uhr, wurde die Polizeiwache Crimmitschau von dem Crimmitschauer Einwohner Bittner, Alwin, geb. am 2.5.1902,
wohnh. in Crimmitschau, Oswald-Anger-Siedlung 50, telefonisch verständigt, daß im Zöffelpark eine gefesselte weibliche Leiche liegt. Sofortige Rückfrage bestätigte diese Meldung (Telefonnummer 2544). Vom Pol.-Mstr. Mosebach wurden umgehend der Leiter der Crimmitschauer Kriminaldienststelle Westermann sowie Pol.-Arzt Hubschmid verständigt. Hierauf begaben sich Pol.-Mstr. Mosebach, Oberwachtmstr. Brendel und Wachtmstr. Winter nach dem Fundort der Leiche. Der Fundort befand sich im Zöffelpark Crimmitschau in der Nähe des Sportplatzes an der Hainstraße; sogenannter Grüner Winkel. Eine Gruppe Zivilisten wurde umgehend zurückgewiesen und die Person festgestellt, welche die Leiche zuerst aufgefunden hatte. Es handelte sich um denselben Einwohner, der die telefonische Meldung nach der Pol.-Wache gegeben hatte.
Die Leiche lag mit entblößtem Unterkörper mit den Händen auf dem Rücken (später stellte sich heraus, daß dieselben gefesselt waren), gefesselten Füßen und blutverschmiertem Kopf zwischen Bäumen auf einem Gehweg. Der Fundort wurde umgehend in größerem Umfang abgesperrt und keine Veränderungen wurden am Fundort vorgenommen. Kurz nach dem Eintreffen der o.g. Schutzpolizisten erschienen Dr. Hubschmid und die Kriminalpolizei am Fundort.
Nach kurzer Fundortbesichtigung durch Kriminal-

kommissar Westermann und Kriminalangestellten Brendel wurde durch dieselben die Mordkommission Zwickau telefonisch von der Auffindung der weiblichen Leiche in Kenntnis gesetzt. Dieselbe traf gegen 8.00 Uhr am Fundort ein und nahm umgehend ihre Tätigkeit auf.

Auf Anordnung der Mordkommission wurde die Leiche gegen 10.00 Uhr durch das Bestattungsinstitut Förster Crimmitschau dem Pathologischem Institut des Heinrich-Braun-Krankenhauses in Zwickau zugeführt. Nach Abtransport der Leiche begaben sich die eingesetzten Polizisten wieder zurück zur Pol.-Wache. Da nach den erkennbaren Tatumständen offensichtlich Mord oder Sexualverbrechen vorliegt, werden die weiteren Ermittlungen durch die Mordkommission Zwickau geführt. Das Pol.-Präsidium Zwickau, Operative Abt., wurde gegen 8.00 Uhr von der Auffindung der weiblichen Leiche in Kenntnis gesetzt.«

Die Tote ist eine junge Frau. Ein Mord aus sexuellen Motiven ist nach Inaugenscheinnahme des Tatorts und erster ärztlicher Untersuchung anzunehmen: Der Unterleib der Toten war entblößt. Stricke um Arme und Beine. Offensichtlich und brutal ist die Todesursache: Schläge auf den Kopf. Stichwunden im Gesicht. Blut und Dreck, die persönlichen Sachen liegen auf Weg und Wiese. Weggeworfen oder im Kampf verloren.

Die aus Zwickau eingetroffene Mordkommission notiert im Protokoll: »Nach Eingang der Fernsprechmitteilung begaben sich Polizeirat Wittig, Polizeimeister

Zinn, Pol.-Hpt.-Wmstr. Bregenz und Pol.-Ob.-Mstr. Sörgel vom Erkennungsdienst sofort mittels Kraftwagen an den Tatort und stellten folgendes fest:
Als solcher kommt der südöstlich des Hauptbahnhofes Crimmitschau gelegene Zöffelpark in Frage, und zwar ca. 200 m vom Sportlerheim in der Hainstraße und ca. 58 m von der Kreuzung Kleiner Parkweg / Großer Parkweg entfernt. Der Tatort liegt 6 m südsüdöstlich des großen Parkweges, während die Leiche selbst mitten auf dem großen Parkweg lag. Weiter steht in der Nähe des Tat- und Fundortes eine Birke mit einem ziemlich großen Auswuchs, der gut sichtbar ist.
Am Tatort liegen auf einer Fläche von etwa 3 x 1,5 m verstreut: ein größeres graues Stück Papier; ein Paar braune Damenhalbschuhe, eine Geldbörse (offen); ein Hammer, auf dessen Unterseite die Nummer ›1000‹ und auf einer Seitenfläche das Zeichen ›FW‹ eingeschlagen ist; eine Netztasche ohne Inhalt; ein blutdurchtränktes Kopftuch; ein Paar gestrickte Handschuhe; ein wollener gestrickter Schal; ein stark mit Blut besudelter Damenschlüpfer; ein Textbuch *Kabale und Liebe* und ein schwarzer Keilschuh. An einer Buche in unmittelbarer Nähe liegen ein deutscher Personalausweis und eine Ausweishülle. Der Ausweis ist aus der Hülle genommen. (Nach den getroffenen Feststellungen wurde der Ausweis durch den Alwin Bittner, der die Leiche fand, aus der Hülle genommen, um die Person festzustellen.)
Quer über den Großen Parkweg, mit dem Kopf in Richtung Nord-Nordwest, liegt die Leiche der

Name:	Ruick
Vornamen:	Christa, Johanna
geb.:	23.12.1923 in Crimmitschau
wohnh. u. pol.-gemeldet	in Crimmitschau, Oswald-Anger-Siedlung 53 (bei den Eltern)
Beruf:	Spulerin
Familienstand:	ledig

Körper und Kopf haben eine leichte Rechtsneigung. Die Füße sind oberhalb des Knöchels mit einer Hanfschnur zusammengebunden, desgleichen die Hände auf dem Rücken.

Der Körper ist mit einem Unterhemd, blusenartigem, buntkarierten Sporthemd und einer Sportjacke bekleidet. Der Unterkörper ist fast bis in Nabelhöhe entblößt, die Strümpfe sind nach unten gerollt, und der linke Fuß ist noch mit einem schwarzen Keilschuh bekleidet.

Das Kopfhaar und Gesicht sind stark mit Erde und Blut beschmutzt. Die Augenlider sind geschlossen, und die Umgebung der Augen ist angeschwollen. Der Mund steht halboffen. Die Oberkörperbekleidung und auch der freiliegende Unterkörper, insbesondere die Knie und die Außenseiten der Oberschenkel, sind sehr mit Erde beschmutzt. Aus der Afteröffnung ist Kot ausgetreten.

Bei oberflächlicher Besichtigung der Leiche können nur am Kopf Verletzungen festgestellt werden, die sich in der Umgebung der Ohren konzentrieren und ziem-

lich tief sind. Kleinere Verletzungen sind auch im Gesicht vorhanden, jedoch durch die Verschmutzungen schlecht sichtbar. Bei der äußeren Besichtigung des Geschlechtsteiles sind keine Wunden, auch nicht in seiner Umgebung feststellbar.
An der Leiche wurden von der Mordkommission keine Veränderungen vorgenommen, um den Obduzenten ein klares Bild zu ermöglichen.
Außer mit größeren Klumpen von Erde und Laub vermischten geronnenen Bluts an der Stelle, wo die Sachen verstreut umherliegen, sind keine Spuren der Tat und des Täters sichtbar. Der in der Nacht vom 4. zum 5.4.1949 herrschende starke, gewitterartige Regen dürfte alle evtl. vorhanden gewesenen Spuren vernichtet haben.
Alle am Tatort gefundenen Gegenstände wurden sichergestellt, um sie vom Erkennungsdienst auf Spuren untersuchen lassen zu können.«

Das »Vorläufige Gutachten« vom Pathologischen Institut des Heinrich-Braun-Krankenhauses Zwickau bestätigt einen Tag später die am Tatort getroffenen Schlussfolgerungen über die brutale Todesursache durch stumpfe Gewalt, doch zeitigt die Obduktion noch mehr Ergebnisse, die auf das Geschehen vor Christa Ruicks Tod schließen lassen.
»A.
Äußere Besichtigung
Leiche eines 1,65 m großen, jugendlichen Weibes in durchschnittlichem Ernährungszustand. Körperde-

cke blaßgelb. Neben den abhängenden Körperpartien schwach ausgebildete, blaß-rote Leichenflecke. Totenstarre z. T. gelöst.
Kopfhaar und Gesicht mit Erde und verkrustetem Blut beschmutzt. Ebenso sind die Hände und die unteren Gliedmaßen, insbesondere die Außenseiten derselben und die Knie, mit Erdstaub verunreinigt.
Um beide Handgelenke verlaufen wenig tiefgehende Schnürfurchen. Desgleichen sind oberhalb der Fußknöchel, an der Außenseite der Unterschenkel 2 parallel verlaufende Schnürfurchen sichtbar.
Kopfhaar aschblond, leicht gelockt, dichtstehend, an der Stirn etwa 5 cm lang.
Augenlider geschlossen. Umgebung der Augen blutig unterlaufen und geschwollen. Augäpfel weich und leicht zurückgesunken. Bindehäute blaß, glänzend. Am äußeren Winkel des rechten Auges blutig, Lederhaut schwach gelblich. Hornhaut glasklar. Durchsichtig. Sehlöcher bds. mittelweit und rund, knorpeliges Nasengerüst und knöchernes Nasenskelett unversehrt.
Mund halboffen, Lippen blaßrot. Die Zunge liegt hinter der unteren Zahnreihe. Zarte Bartbildung an der Oberlippe.
Hals schlank, nicht widernatürlich beweglich.
Brustkorb schmal, seitengleich gebaut. Brüste schwach entwickelt. Warzenhof 2 cm im Durchmesser, blaßbraun.
Bauchdecken locker, weibliche Geschlechtsbehaarung.
Äußere Geschlechtsteile mit Kot beschmutzt. Große

Schamlippen spaltförmig offen. Kleine Schamlippen leicht vorgelagert. Scheidenklappe defekt, von ihr sind nur noch einige warzenförmige Reste am Scheideneingang sichtbar. After offen. Afterumgebung durch Kot verunreinigt.
Gliedmaßen in natürlicher Lage. Unterhalb des rechten vorderen Darmbeinstachels eine 2 cm lange, oberflächliche Hautabschürfung mit pergamentartiger Eintrocknung des Gewebes.
Einen Querfinger oberhalb der rechten Ohrmuschel verläuft in waagerechter Richtung eine 5 cm lange, leicht nach unten gebogene klaffende Wunde. Die Wundränder sind unregelmäßig, aber scharf und weisen kleine Einkerbungen auf. Der untere Wundrand ist abgeschrägt. Am Wundrand ist der Schädelknochen sichtbar.
Einen Querfinger hinter der rechten Ohrmuschel befindet sich eine ebenso lange und beschaffene Wunde, die von vorn oben nach hinten unten verläuft. Auch sie reicht bis auf das Schädeldach.
Zwischen diesen beiden großen Wunden befindet sich eine oberflächliche 1,5 cm lange Zusammenhangtrennung der Haut mit glatten Rändern.
Nach dem Scheitelhöcker liegen mehrere, unregelmäßig geformte Wunden. Die vorderste, die sich etwa 2 cm oberhalb der unter Nr. 12 beschriebenen Wunde befindet, ist 4 cm lang und wird durch schmale Hautbrücken in 3 Abteilungen geteilt. Die Wundränder sind glatt und mit Einkerbungen versehen. Mit der Sonde stößt man auf das Schädeldach.

2 Querfinger hinter derselben befindet sich eine rechtwinklige Zusammenhangstrennung der Haut, deren Schenkel etwa 1,5 cm lang sind. Ihre Wundränder sind weniger scharf.
Abermals 2 Querfinger dahinter, in der Gegend des rechten Hinterhaupthöckers befindet sich eine sternförmig tiefgreifende Wunde mit eingekerbten und z. T. eingerollten Wundrändern.
Über dem rechten Scheitelhöcker befindet sich eine 2 cm lange, längliche, leicht klaffende Wunde mit unregelmäßig gestalteten Rändern.
An der linken Kopfseite, 5 cm oberhalb des Ohransatzes ist eine 4,5, cm lange, schräg gestellte Zusammenhangstrennung der Kopfschwarte sichtbar, deren oberer Wundrand 2 tiefe Einkerbungen aufweist. Die angrenzende Haut ist unregelmäßig eingekerbt. Die Wunde klafft stark und läßt in der Tiefe die Sehnenhaube erkennen.
Schräg oberhalb der linken Ohrmuschel befindet sich eine knapp 5 cm lange, tiefgehende klaffende Wunde, die mehr senkrecht gestellt ist und einen welligen Verlauf zeigt. Der Hinterrand weist ebenfalls einen tiefen Einschnitt auf. Hinter der linken Ohrmuschel befinden sich 4 glattrandige Wunden, deren größte etwa 3 cm lang ist und auf die Ohrmuschel selbst übergreift und das Läppchen fast völlig abgetrennt hat.
Am äußeren Winkel des linken Auges befindet sich eine schräg gestellte, 3 cm lange Wunde mit eingekerbten Rändern. In der Umgebung ihres Winkels 2 linsengroße, leicht klaffende Hautdefekte.

Über dem rechten Wangenhöcker eine 1 cm lange, glattrandige Wunde mit Einkerbungen des Unterrandes. Mit der Sonde kann man durch sie bis auf das Jochbein durchdringen.
Vor der rechten Ohrmuschel 3 glattrandige, klaffende Wunden von durchschnittlich 1 bis 2 cm Länge.
Sämtliche Wunden sind durch Erde verunreinigt.

B.
Innere Besichtigung
I. Kopfhöhle
Kopfschwarte mittelkräftig und in der Umgebung der oben beschriebenen Wunden blutig durchtränkt.
Das Schädeldach ist im Durchmesser 0,3 cm dick und auf der Sägeschnittfläche deutlich dreigeschichtet. Das rechte Schläfenbein weist eine markstückgroße Fraktur mit nach innen ragenden Bruchstücken auf. Ein etwas größerer Bruchherd befindet sich in der linken Schläfenbeinschuppe an der Grenze zum Hinterhauptbein. Das gesamte Hinterhauptbein ist mehrfach gebrochen. Die Bruchlinien kreuzen sich teilweise und ziehen bis hinab zum großen Hinterhauptsloch.
Die harte Hirnhaut straff gespannt, derb und nirgends verletzt.
Weiche Hirnhäute zart und über der rechten Großhirnhauptkugel stark blutig unterlaufen.
Der Spalt zwischen harter und weicher Hirnhaut ist ebenfalls mit Blut ausgefüllt.
Das Gehirn entspricht an Größe dem Schädelinneren. Es wiegt 1120 g und ist von weicher, teigiger Beschaf-

fenheit. In der Wölbung der rechten Großhirnhälfte und an den Polen beider Schläfenlappen finden sich oberflächliche, winzige Blutungsherde. Querschnitte durch die einzelnen Hirnbezirke bieten die übliche Zeichnung. Hirnkammern mittelweit, zart ausgekleidet und mit einigen Tropfen wasserklarer Flüssigkeit gefüllt.
Gefäße des Hirngrundes zartwandig.
In den Blutleitern der harten Hirnhaut flüssiges, hellrotes Blut.
Vordere Schädelbasis intakt.
Keilbeinhöhle und linkes Mittelohr mit Blut gefüllt. Übrige Nebenhöhlen trocken.

II. Brusthöhle
Unterhautfettgewebe schmal. Brustmuskulatur schmutzig rot, feucht. Zwerchfellstand bds. im 4. Zwischenrippenraum. Regelrechte Lage der Brustorgane, die einen auffallend blutleeren Eindruck machen.
Der mittelweite Herzbeutel zeigt eine glänzende Innenseite und enthält annähernd 2 Eßlöffel klare, hellgelbe Flüssigkeit.
Das Herz ist klein und schlaff und wiegt 240 g. Herzüberzug glatt und glänzend. Innenauskleidung und Klappenapparat zart und fleckenlos. In den mittelweiten Herzhöhlen findet sich etwas dunkelrotes, flüssiges Blut. Muskulatur von normaler Stärke und auf der Schnittfläche von blasser, braun-roter Farbe.
Kranzschlagadern ohne Besonderheiten.
Eirundes Loch geschlossen.

Beide Lungen gut lufthaltig und von schwammiger, weicher Beschaffenheit. Die rechte Lunge wiegt 280 g, die linke 200. Lungenoberfläche höckrig, grau-rot und von einem zarten Überzug bedeckt. Lungenschnittfläche glatt, trocken und von gelb-hellroter Farbe. In den größeren Luftröhrenästen Speisebröckel. Die Lungenschlagader enthält teils flüssiges Blut.
Gebiß fast vollständig und in guter Beschaffenheit. Der Körper des Unterkiefers ist in der Mitte durchbrochen. Die rechte untere Zahnreihe steht deshalb etwas zurück.
Zunge von normaler Beschaffenheit. Zungenrücken grau-weiß mit ausgeprägter Wärzchenbildung.
Die Rachenwand und das Bindegewebe des Halses, vornehmlich der linken Seite, sind blutig durchtränkt. Der Kehlkopfeingang und der Kehldeckel sind geschwollen. Übrige Halsorgane sind regelrecht beschaffen.
Große Körperschlagader eng und elastisch.

III. Bauchhöhle
Bauchdeckenfett und Nabel 3 cm dick. Bauchmuskel kräftig, blaßrot, trocken. Bauchorgane in gehöriger Lage und auffallender Blässe. Leicht geblähte Darmschlingen vom großen Netz bedeckt.
Milz schlaff, kaum 100 g schwer. Ihre Kapsel lila-rot, gerunzelt, ihre Schnittfläche ziegelrot mit verwaschener Bälkchenzeichnung. Etwas Milzgewebe abstreifbar.
Magen vollgefüllt mit unverdauter Nahrung. Schleim-

haut glatt, an der großen Krümmung leicht längsgefaltet.
Im Darm gallig gefärbter, bröckliger Speisebrei. Im Enddarm dünnbreiiger Kot. Schleimhautrelief normal ausgeprägt.
Bauchspeicheldrüse von gehöriger Größe und Gewebebeschaffenheit.
Leber fest, 1120 g schwer, von hellbrauner Farbe. Leberüberzug glatt und glänzend. Schnittfläche blutarm, mit verwaschener Läppchenzeichnung.
Gallenblase und abführende Gallenwege ohne Besonderheiten.
Nebennieren bds. 2-markstückgroß mit deutlich geschiedener Mark-Rindenzeichnung.
Nieren in fettarmen Lagern, derb und zusammen 210 g schwer. Bindegewebige Kapsel ohne Substanzverlust von der glatten Nierenoberfläche abziehbar. Nierengewebe blutleer und von blaß braun-roter Farbe. Rinde von den Markkegeln auf der Schnittfläche scharf begrenzt.
Nierenbecken und Harnleiter von gehöriger Weite, mit zarter Schleimhaut ausgekleidet.
Harnblase kleinapfelgroß, leer.
Innere Geschlechtsorgane dem Alter entsprechend entwickelt und ohne krankhafte Veränderungen. Beide Eierstöcke von zahlreichen, erbsengroßen, mit wasserklarer Flüssigkeit gefüllten Bläschen bedeckt. Muttermund als querer Spalt sichtbar. Umgebende Schleimhaut oberflächlich zerstört.
Scheide mittelweit. Wand trocken.

IV. Knochen- und Gelenksystem
Bis auf die oben beschriebenen Veränderungen intakt.

C.

Vorläufiges Gutachten

Die Sektion der Ruick ließ folgenden Befund erheben: zahlreiche, z. T. ausgedehnte Kopfverletzungen mit umschriebenen Bruch (Impressionsfrakturen) beider Schläfenbeine. Zertrümmerungsbruch des Hinterhauptbeines. Blutungen in die Hirnhäute und oberflächliche Hirnzertrümmerungen an der rechten Großhirnwölbung. Ferner fand sich ein Bruch des Unterkiefers mit blutiger Durchtränkung des Mundbodens und der Halsweichteile sowie Ödem des Kehldeckels. Auffallend war die Blutleere der Eingeweide.
Nach der Beschaffenheit der Wunden handelt es sich z. T. um Stichverletzungen, z. T. um stumpfe Gewalteinwirkungen. Vor allem machen die Wunden am behaarten Kopf den Eindruck, als ob sie durch stumpfe Werkzeuge gesetzt worden seien. Die Schläge sind mit erheblicher Wucht geführt worden.
Verletzungen an den äußeren Geschlechtsteilen, Samenkörperchen in der Scheide oder andere Anzeichen, die auf ein Notzuchtsverbrechen hindeuten könnten, fanden sich nicht. Das schließt jedoch nicht eine Vergewaltigung bzw. den Versuch eines gewaltsamen Beischlafes aus.
Der Tod der R. dürfte infolge Hirnlähmung und Verblutung aus den zahlreichen Wunden (insgesamt 20) bald eingetreten sein.

Die Leiche war an Händen und Füßen gefesselt.
Zur feingeweblichen Untersuchung wurden Stücke aus dem Großhirn zurückbehalten.«

Bei der genauen Inaugenscheinnahme von der Kleidung und den Hanfstricken der Fesselung werden Haare gefunden. Diese werden gesichert und an das »Chem. Laboratorium Dr. H. Wolf« in Zwickau zur exakten wissenschaftlichen Begutachtung gesandt. Denn durchaus möglich erscheint es den Ermittlern, dass diese Haare nicht nur vom Opfer stammen, sondern Täterspuren sind.

Am 4. Mai 1949 teilt Dr. Wolf mit:
»An das Polizeipräsidium Zwickau, Kreiskriminalpolizeiabteilung, Kommissariat C9
Betr. Mord in Crimmitschau am 4.4.1949
Am 21. April 1949 wurden mir von Ihnen zwei Proben Haare, bezeichnet ›Beutel 1‹ und ›Beutel 2‹, geschickt. Es sollte festgestellt werden, ob beide Haarproben von ein- und derselben Person herrühren. Die in diesem Sinne vorgenommenen makroskopischen und mikroskopischen Untersuchungen führten zu folgendem Ergebnis:
Beutel 1, gefunden an der Fesselung
Makroskopischer Befund: 5 Haare, verschieden lang, verschieden auch in Stärke und Pigmentierung. Die Haare sind gewellt bezw. gelockt.
Mikroskopischer Befund:
Haar: Länge: 10,1 cm, Dicke bei 35 µcm, über Wur-

zel glatt und unscharf abgeschnitten, Spitze rundlich abgescheuert, Markzylinder vorhanden, stellenweise inselartig unterbrochen, Pigmentierung kräftig, so daß ein normales Braun entsteht, obere Hälfte gelockt, nach unten zu glatt.

Haar: Länge: 23,2, cm, Dicke bei 30 µcm, Wurzel kolbig, Spitze abgeschnitten, deutliche Cuticulaschüppelung (Haarschuppenschicht), Markzylinder gering entwickelt, gut pigmentiert, also von brauner Farbe, Haar in ganzer Länge gelockt. Auffallend am Schaft einige Gesteinssplitter.

Haar: Länge: 14,9 cm, Dicke bei 20 µcm, Über Wurzel abgerissen, am oberen Ende abgeschnitten, Schüppelung feiner, Markkanal nur stellenweise deutlich, geringer, aber immerhin kräftig pigmentiert, also Haar dunkelblond, Haare gewellt.

Haar: Länge: 15 cm, Dicke bei 20 µcm, am unteren Ende abgerissen, am oberen Ende abgeschnitten, feine Cuticulaschüppelung, Markzylinder kaum wahrnehmbar, gering pigmentiert, also dunkelblond, Haar wenig gewellt. Auffallend: am Schaft viele Schmutzklumpen, Ruß- und Kohlenteile.

Haar: Sehr kurz und ohne Schmutzteile, sonst wie Haar 4.

Teilzusammenfassung: Aus der Dicke der einzelnen Haare ist zu ersehen, daß es Kopfhaare sind. Wenn nun die Kopfhaare eines Menschen in bezug auf Länge, Dicke, Färbung etc. auch voneinander abweichen (Stirn-, Schläfen-, Scheitel-, Hinterhaupthaare), so hat man hier doch den Eindruck, daß zweierlei Haar in Frage kommt

oder besser gesagt, daß die 5 Haare von zwei verschiedenen Menschen herrühren, derart, daß Haar 1 und 2 von einem brünetten und Haar 3–5 von einem dunkelblonden bis blonden Menschen stammen. Ob Mann oder Frau ist schwer zu entscheiden, da heute auch junge Männer die Haare oft sehr lang tragen.
Beutel 2, gefunden an der Kleidung.
Makroskopischer Befund: 5 Haare von verschiedener Länge, aber gleich stark, gleich gefärbt, gleich geschüppelt, wenig gelockt.
Mikroskopischer Befund:
Haar: Über der Wurzel abgerissen, Spitze pinselförmig aufgefasert, feine Schüppelung, gering pigmentiert, Dicke bei 20 µcm, schwacher Markzylinder. Am Schaft viel Schmutz, aber nicht in Klumpen, sondern breit aufgelagert, ferner viel oberflächliche Einrisse und abgeschieferte Cuticulazellen. Es ist ein altes Haar, fettlos, spröde, gespalten, lag demnach schon längere Zeit auf der Kleidung.
Haar: Kurz, Dicke bei 20 µcm, Wurzel kolbig, Spitze abgeschnitten, feine Schüppelung, Pigmentierung gering, Markzylinder erkennbar, Schaft sauber, also ein frisches Haar, blond bis dunkelblond.
Haar: Lang, um die 20 µcm dick, Wurzel kolbig, Schüppelung und Färbung wie oben, Schaft sauber, ohne Schmutz, blond bis leicht dunkelblond, Markzylinder erkennbar.
Haar: Sehr lang, Dicke um die 20 µcm, Wurzel kolbig, Schüppelung, Farbe und Markzylinder wie bei 3, sauber, blond bis leicht dunkelblond.

Haar: Wie bei Haar 4.
Teilzusammenfassung: Es handelt sich hier deutlich um Haare, die durch Auskämmen oder natürliches Ausfallen den Haarboden verlassen und sich auf der Kleidung abgelagert haben.
Endergebnis: Es ist mit großer Wahrscheinlichkeit anzunehmen, daß Haar 4 und 5 der ersten Gruppe von der Ermordeten stammen, da Dicke, Farbe, Cuticulastruktur und Markzylinder weitgehend übereinstimmen. Im Zweifel könnte man bei Haar 3 sein. Bei kräftiger Pigmentierung zeigt es sonst alle Eigenschaften der Haare 4 und 5. Vielleicht liegt hier eine Abweichung vor, die bei menschlichem Kopfhaar nicht selten ist. Haar 1 und 2 lassen sich nicht einordnen. Sie sind makroskopisch und mikroskopisch derart abweichend, daß man sie als fremd bezeichnen muß.«

Ein Ermittlungsansatz: Zwei der gefundenen Haare stammen höchstwahrscheinlich vom Täter. Zumindest von jemandem, der der Fesselung der Toten nahe kam. Ein Vergleich mit anderen Ermittlungsergebnissen und eventuell Verdächtigen wäre dennoch äußerst schwierig und anzweifelbar, der eindeutige Test durch die Analyse der DNA ist 1949 unbekannt.
Jeder Zentimeter des Tatorts wird von Kriminaltechnikern abgesucht. Jedes mögliche Indiz wird konserviert.
»Spurensicherungsbericht vom 26. April 1949
Der Erkennungsdienst war zusammen mit der Spezialkommission am 6.4.49 gegen 9.00 Uhr am Tatort.

Auf Anordnung der Spezialkommission wurden 4 Fotos, welche die nähere Umgebung sowie die Lage der Leiche bei der Auffindung bildlich festhielten, hergestellt. Die am Tatort gefundenen Gegenstände (der zur Tat benutzte Hammer, Briefe, deutscher Personalausweis u. -hülle, in welcher sich PA befand) wurden nach Spuren und besonderen Merkmalen untersucht.

Der zur Tatausführung benutzte Hammer: Die mit Blut gegriffenen am Hammerstil noch sichtbaren Abdrücke konnten nicht fotografiert werden, da sie zum Klassifizieren oder wenigstens einer Vergleichung infolge ihrer starken Übergriffenheit sich nicht eigneten. Nach weiterem Einstauben durch Argentorat [laut *Archiv der Kriminologie* von 1933: ›ein silberfarbenes, industriell hergestelltes Aluminiumpulver mit sehr hohem Feinheitsgrad; es kann auch mit Eisen- oder Kupferpulver gemischt werden. Argentorat *schmiert* leicht; dadurch kann die Spur zerstört werden. Es wird mit einem Einstaubpinsel oder Zerstäuber aufgebracht. Dabei ist möglichst wenig Pulver gleichmäßig zu verteilen. Argentorat eignet sich gut für Spuren mit geringer Substanz und für ältere Spuren, weniger gut für frische und/oder feuchte Spuren. Die Beimischung von Eisenpulver oder Kupferpulver bewirkt eine Farbveränderung in bräunlich bzw. rötlich. Bei Benutzung einer schwarzen Klebefolie erscheint die Spur seitenverkehrt, sie muss deshalb fotografisch umkopiert werden.‹] und durch Vergrößern konnten keine weiteren Spuren infolge des rauhen Holzes festgestellt werden. An besonderen Merkmalen wurden am Hammer

ein Monogramm, welches die Buchstaben F.W. eingeschlagen zeigt, festgestellt.
Briefe, Personalausweis, Ausweishülle sowie noch von der Ermordeten mitgeführte Schriftstücke: An den Schriftstücken konnten keine Spuren festgestellt werden. Um eventl. Spuren, die für das Auge unersichtlich waren, sich aber darin hätten befinden können, zu entdecken, wurden diese Papiere in das Jodbad gesteckt, aber es konnten auch daran keine Spuren festgestellt werden. Die Ausweishülle wurde mit Argentorat eingestaubt, jedoch der rauhen Flächen zufolge war die Spurensuche ohne Erfolg.
Die Negative der Tatortbilder sowie die technischen Aufnahmen (Hammer) verbleiben weiterhin im Erkennungsdienst und werden unter der Nummer 35 bis 42/49/13x18 (Tatort) verwahrt.«

Die Bevölkerung diskutiert nicht nur in Crimmitschau. Mord widerspricht der Propaganda und dem sozialistischem Menschenbild. Die Partei und die Staatsmacht fühlen sich herausgefordert. Das Landeskriminalpolizeiamt Sachsen ist dem Partei- und Staatsapparat rechenschaftspflichtig. Die Ermittler in Crimmitschau müssen die Leitungsebene über die Tat und ihre Ermittlungsergebnisse informieren. Kriminalrat Wittig schreibt zusammenfassend per
»Fernschreiben, 5. April 1949, an das L.K.P.A. Sachsen, Dezernat C1
Betr.: Mord in Crimmitschau, im sog. Zöffelpark
Bezug: Ohne

Am 5.4.49, gegen 6.20 Uhr wurde die ledige Näherin Christa Ruick im Zöffelpark auf dem großen Parkweg, ca. 200 m vom Sportlerheim am Zöffelpark entfernt, ermordet aufgefunden.
Die Tote lag quer über dem Weg. Der Unterkörper war vollständig entblößt, die Strümpfe nach unten gezogen. Die Füße waren oberhalb des Knöchels mittels einer Hanfschnur zusammengebunden, desgleichen die Hände auf dem Rücken. Das Gesicht der Toten war vollkommen verschmutzt und fast unkenntlich.
Ca. 6 m von der Auffindungsstelle entfernt befand sich auf dem Waldboden eine größere Blutlache; Schuhe, Handtasche, Kopftuch, Geldbörse, Personalausweis und ein wollener Schal lagen verstreut umher. Inmitten dieser Gegenstände lag ein gewöhnlicher Schlosserhammer mit der eingehauenen Nummer: ›1000‹, der auf dem Boden zugekehrten Seite stark mit Blut besudelt war.
Festgestellt werden konnte folgendes: Die Ruick hat am 4.4.49 gegen 21.45 Uhr, die Wohnung ihrer Tante, bei der sie kurz zu Besuch weilte, verlassen, um sich in die elterliche Wohnung zu begeben.
Kurz vor 22.00 Uhr wurde vom Wirt des Sportlerheimes am Zöffelpark in der Nähe des Sportlerheimes zweimal von den Wirtsleuten ein seltsamer, röchelnder Laut gehört. Die Nachforschungen des Wirtes, indem er nach draußen ging und nachsah, waren ergebnislos. Da der Tatort etwa 200 m von dieser Stelle entfernt liegt, wird angenommen, daß die Ruick sich bedroht fühlte, in ihrer Angst den Weg zurück lief,

wobei sie von dem Täter verfolgt wurde, im Zöffelpark von diesem eingeholt und mit dem am Tatort gefundenen Hammer niedergeschlagen worden ist. Vermutlich wurde sie dann im besinnungslosen Zustand gefesselt und vergewaltigt.
Bemerkt sei, daß es sich bei der Ruick um eine Taubstumme handelt, die nach Aussagen der bisher vernommenen Zeugen einen durchaus soliden Lebenswandel führte.
Infolge eines in der Nacht einsetzenden starken Regens konnten weder am Tatort noch am Auffindungsort Spuren gesichert werden. Das heißt also, daß die Spuren durch den Regen vollständig vernichtet wurden. Vom Täter fehlt z. Zt. jede Spur. Die Ermittlungen sind im vollen Gange, nach Abschluß derselben wird eine Berichtsdurchschrift übersandt.«

Es folgen die Vernehmungen der Zeugen.
»Bestellt erscheint der Gerberei-Arbeiter
Bittner, Alwin,
geb. am 2.5.1902 Irnkofen, Krs. Regensburg
wohnh.: Crimmitschau, Oswald-Anger-Sdl. 50,
verh., 1 Kind im Alter von 21 Jahren,
und gibt an:
Ich arbeite bei der Firma Louis Richter in Crimmitschau. Die reguläre Arbeitszeit ist von 7.00 Uhr bis 16.15 Uhr. Da ich eine Art Vorarbeiter bin, bin ich bereits um 6.30 Uhr immer im Betrieb. Heute morgen ging ich ungefähr 6.15 Uhr von zu Hause weg. Meinen Weg nahm ich, wie üblich, durch den Zöffelpark. Ich war ca. 30 m

vom großen Parkweg entfernt, als ich die Gegenstände, die sich mir dann als Kleidungsstücke darboten, gesehen habe. Erst nahm ich an, daß es sich um umherliegende Lumpen handelt, die eventuell aus den nahegelegenen Schrebergärten stammen, und maß diesen Sachen aus diesem Grunde weiter keine Bedeutung bei. Als ich aber den Schuh entdeckte, kam mir doch die Sache etwas komisch vor, ich drehte mich nochmals um und sah nun auf dem Weg etwas liegen. In dem Augenblick, wo ich die Kleidungsstücke bemerkte, konnte ich das auf dem Weg liegende noch nicht sehen, da der Weg etwas tiefer liegt. Ich ging also auf das komische Etwas, was auf dem Weg lag, zu, konnte aber nicht fassen, daß dies ein Mensch sei, und überzeugte mich dann aus diesem Grunde davon, indem ich mit dem Finger auf das Bein tippte, ob es tatsächlich Fleisch war. Wer die dort liegende Person war, konnte ich nicht feststellen, da das Gesicht vollständig verschmutzt war. In einer Entfernung von ca. 3–4 Metern sah ich nun den Personalausweis liegen. Ich hob ihn auf, nahm ihn aus der Hülle und stellte fest, daß er der Christa Ruick gehört. Ich sah mir die Leiche noch einmal an, ohne sie zu berühren oder etwas daran zu ändern, und stellte fest, daß die Tote Christa ist.

In der Nähe des Ausweises lagen noch ein Hammer, eine Handtasche, ein Schlüpfer, eine Geldbörse, 3 Schuhe und etwas Gestricktes.

Nachdem ich dies alles festgestellt hatte, ging ich sofort zu Dieter Lamprecht in der Oswald-Anger-Siedlung, um die Kriminalpolizei zu verständigen. Lamprecht hat ein Betriebstelefon der Fa. Gebr. Wagner in Frankenhausen. Nachdem die Polizei verständigt war, ging ich wieder an den Ort, wo die Leiche lag, um die Leute, die sich inzwischen dort eingefunden bezw. die Leiche ebenfalls bemerkt hatten, von diesem Ort etwas fern zu halten.«

Alwin Bittner schildert den Kriminalisten seinen vergangenen Arbeitstag: »Gestern abend, gegen 21.30 Uhr, kam der Heinz Bajora vom Sportlerheim zu mir und sagte mir, daß für die Fa. eine Ladung Salz eingegangen sei, und ich sofort nach dem Betrieb kommen möchte. Daraufhin zog ich mich sofort an und ging schnell nach dem Betrieb, und zwar durch den Park, genau den Weg, den ich heute morgen ging, als ich die Leiche der Christa Ruick fand. Dies mußte dann gegen 21.50 Uhr gewesen sein. Den gleichen Weg benutzte ich dann auf dem Rückweg gegen 3.10 Uhr. Beide Male, gegen 21.50 und auch gegen 3.10 Uhr (zu dieser Zeit regnete es und war sehr dunkel) bemerkte ich nichts Auffälliges.

Auf dem Weg zum Betrieb (gegen 21.50 Uhr) sah ich lediglich an der Gärtnerei Wellmann ein Pärchen stehen. Die dabeistehende Dame war mit einer hellen Jacke bekleidet. D. h., ich vermutete überhaupt erst auf Grund der hellen Jacke, daß es sich um eine Frau handeln könnte. Ob die 2. Person tatsächlich ein Mann gewesen ist, kann ich nicht behaupten. Ich sah nur lediglich, daß es sich um 2 Personen handelt. Die Leiche der Christa Ruick habe ich heute morgen gegen 6.20 Uhr gefunden.«

Alwin Bittner kennt die Tote, sind sie doch hinterm Zöffelpark Nachbarn in der Oswald-Anger-Siedlung: Eigenheime, in den 1930er Jahren errichtet, mit Gärten und Gemüsebeeten, familientauglich, für viele Kinder. Man kennt sich, grüßt, hält einen kleinen Schwatz übern Gartenzaun. Der Reihenhaus-Idylle verliehen die sozialistischen Kommunalvertreter 1945 den Namen »Oswald Angers (4.6.1886–19.6.1944), eines Crimmitschauer Antifaschisten. Er war Mitglied der SPD und Spielmannszugführer des Reichsbanners in Crimmitschau. 1944 wurde er in Brandenburg/Havel hingerichtet. Seinen Namen trägt die Siedlung, da er hier wohnte.«
Alwin Bittner sagt der Polizei: »Etwas Nachteiligen habe ich bisher nicht über die Christa Ruick gehört, auch nicht, daß sie einen größeren Männerverkehr hat.« Weiteres kann der Zeuge zur Sache nicht sagen, nur: »Meine Angaben entsprechen der Wahrheit, was ich durch meine eigenhändige Unterschrift bestätige.«

Schnell hat sich der Mord herumgesprochen und ist der Familie Christa Ruicks hintertragen worden. Der Schock sitzt bei Eltern und Geschwistern tief. Dem Gespräch mit der Polizei stellt sich zunächst die Mutter:
»Zur Sache gehört wurde in Crimmitschau die Ehefrau
Ruick, geb. Jessener, Martha, Else,
geb. am 19.6.1902 in Frankenhausen,
wohnh.: Crimmitschau, Oswald-Anger-Siedlung 53,
und gibt an:

Meine Tochter Christa ist das erste Kind, welches aus unserer Ehe hervorging. Durch eine Erkältung verlor sie bereits im 1. Jahr das Gehör und kam mit dem 5. Lebensjahr zur Taubstummenschule nach Leipzig. 1937 hatte sie ihre Schule beendet und arbeitet seit dieser Zeit bei der Firma Bär & Teufel als Näherin. Auch heute ist sie noch dort beschäftigt.
Meine Tochter ist die Woche kaum fortgegangen, sie ging höchstens einmal zu meiner Schwester Klementine Hobrack, Crimmitschau, Hainstraße 15, zum Stricken. Gegen 22.00 Uhr kam sie dann immer wieder zurück. Sonnabends und sonntags geht sie fast immer mit ihrer ebenfalls taubstummen Freundin Heiderose Lindner spazieren oder ins Kino. Auch bei diesen Ausgängen kam sie zwischen 23.00 und 24.00 Uhr zurück. Mir ist nichts bekannt, daß meine Tochter irgendwelche männliche Freunde hatte, außer einmal einen gewissen Kopka aus Zwickau, mit dem sie aber schon seit Herbst (Oktober oder November) 1948 nicht mehr verkehrt. Während sie mit ihm verkehrte, kam er jeden Sonnabend und Sonntag mit zu uns. Seit dem Bruch des Verhältnisses hat sich Kopka nicht wieder sehen lassen. Kopka hatte bei meiner Tochter 200,-- DM Schulden. Nachdem sie vorher mit ihm in Briefwechsel getreten war, holte sie sich vor ca. 5 Wochen DM 100,-- bei ihm in Zwickau ab. Bevor sie die DM 100,-- erhielt, bezw. sich abholte, hatte sie von Kopka einen Brief erhalten.« Möglicherweise ein Verdächtiger.
Über die Wege, die Christa nahm, wenn sie in die

Stadt ging oder ihre Tante besuchte, weiß die Mutter: »Wenn meine Tochter von irgendwelchen Ausgängen nach Hause ging, so war es ihre Gewohnheit, auf der Hainstraße bis zum Turnplatz zu gehen, dann schräg über den Turnplatz nach dem kleinen Parkweg und auf diesem nach Hause. Ab und zu benutzte sie auch den kleinen Parkweg ganz, jedoch halte ich es nicht für möglich, daß sie ihn abends während der Dunkelheit beging.

Am gestrigen Tage hat die Christa nicht gearbeitet, war den ganzen Tag zu Hause und beschäftigte sich mit häuslichen Arbeiten. Zwischen 19.30 und 20.00 Uhr ging sie zu meiner Schwester. Mitgenommen hat sie das Strickzeug. Als ich nachts gegen 1.00 Uhr wegen unserer Ziege noch einmal aufstand, war unsere Christa noch nicht zu Hause, desgleichen um 2.00 und 3.00 Uhr noch nicht, so daß ich annahm, daß sie bei meiner Schwester schläft. Heute morgen wollte ich mich nun bei meiner Schwester davon überzeugen, ob unsere Christa tatsächlich dort gewesen ist. Bevor ich zu meiner Schwester gehen konnte, hatte ich dann erfahren, was mit meiner Christa geschehen ist. Ich bin trotzdem noch bei meiner Schwester gewesen und erfuhr von ihr, daß die Christa bis gegen 21.45 Uhr dagewesen ist.

Meine Tochter war vollständig taub und sprach sehr schlecht, so daß nur denjenigen ein Verstehen möglich war, die längere Zeit mit ihr zusammen waren.

Meine Christa äußerte nie, daß sie sich durch jemand bedroht fühle. Wäre es der Fall gewesen, so hätte sie das bestimmt gesagt. Sie trat uns in jeder Weise offen gegenüber.« Zweifel bestehen nicht, dass die Mutter alle Fragen wahrheitsgetreu beantwortete. Weitere Angaben zum Tode ihrer Tochter vermag sie nicht zu geben.

»Ilse Magda Ruick,
geb. am 25.1.1927 in Crimmitschau,
wh. bei den Eltern,
wird gehört und gibt folgendes an:
Ich bin die Schwester der Toten und wohnte bisher mit ihr gemeinsam bei meinen Eltern in Crimmitschau. Meine Schwester war bei der Firma Bär & Teufel in Crimmitschau tätig, und zwar seit dem Jahre 1938. Wenn sie abends von der Arbeit heimkam, hatte sie dann immer meiner Mutter mitgeholfen. Wir waren zu Hause mit meiner Schwester insgesamt 8 Geschwister, und wir sind stets gut miteinander ausgekommen. Daß die Christa streitsüchtig veranlagt war, kann ich nicht sagen, sie war immer bestrebt, Freude zu bereiten, und zwar dort, wo ihr die Möglichkeit geboten war. Trotzdem sie ein Leiden mit sich trug, war sie stets bestrebt, sich weiter fortzubilden. Für alles Schlechte und Gewöhnliche hatte sie eine Abscheu. Wenn sie auch schlecht sprechen konnte, denn sie hatte überhaupt nichts gehört, so hatte sie sich stets in allen nach mir gerichtet. Ihr ganzes Wesen und ihr Charakter waren einwandfrei.
Am 4.4.1949, in den Mittagsstunden, hatte sie mir noch das Essen ins Geschäft gebracht, und wir gingen an-

schließend noch beide in die Stadt. Als ich gegen 13.00 Uhr wieder ins Geschäft zurück mußte, ging meine Schwester nach Hause. Nach Beendigung meiner Geschäftszeit, gegen 18.00 Uhr, begab ich mich nach Hause und traf dort auch meine Schwester an. Es war ungefähr um 19.30 Uhr, als meine Schwester sich anzog, ihre Tasche nahm und wegging. Ich frug sie noch, wo sie hingehen will, worauf sie mir zur Antwort gab, ich gehe zu Klementine. Damit meinte sie meine Tante. Es war dies nicht das einzige Mal, daß sie zu meiner Tante ging, sondern sie begab sich des öfteren nach dort. Auch mitunter gleich von der Arbeit weg.

Wie mir bekannt ist, hatte meine Schwester eine Freundin, die Heiderose Lindner. Mit ihr ist sie fast immer verkehrt, da sich beide sehr gut verstanden, denn die Lindner hat auch einen Hörfehler, und aus diesem Grunde fühlten sie sich zueinander hingezogen. Daß sie sonst irgendwelche Bekanntschaften gehabt hat, kann ich nicht sagen.

Ich weiß, daß meine Schwester für kurze Zeit einmal eine Bekanntschaft mit einem gewissen Kopka aus Zwickau hatte. Sie bat mich, ich möchte mir diesen Mann einmal ansehen, was ich auch tat. Aus diesem Grunde kam Kopka auch hin und wieder sonntags zu uns zu Besuch. Ich selbst habe diesen Mann aber nur einmal gesehen und habe meine Schwester gewarnt, sie möchte die Finger davon lassen. Noch dazu, daß ich von ihr selbst erfahren habe, daß Kopka schon zweimal geschieden war. Sie gab dann auch das Verhältnis auf und hatte sich mit diesem Mann nicht mehr abgegeben.

Wie ich mich noch erinnere, hatte sie das Verhältnis in der Zeit um Oktober 1948 gelöst. Wie sie mir dann erzählte, sei sie froh, daß das Verhältnis mit Kopka gelöst ist.
Sonst kann ich hierzu keine weiteren Angaben machen. Ich kann auch nicht sagen, daß meiner Schwester schon einmal etwas passiert ist. Sie wurde, soweit ich es von ihr selbst weiß, bisher nicht belästigt. Wenn sie abends heimgeht oder auch tagsüber, dann geht sie größtenteils durch den Park, da sie hier einen Teil des Weges abschneidet. Sie geht den kleinen Park durch, wo das Feld angrenzt. Nicht dort, wo die Schlucht ist, denn hier ist bereits der große Park.«

Das Gastwirtsehepaar des Sportlerheimes saß zur Tatzeit bei offenem Fenster in der Stube knapp 200 Meter entfernt vom Leichenfundort. Beide haben Geräusche aus dem Park vernommen, die ihnen unnatürlich erschienen. Die Ermittler erhoffen sich von diesen Zeugen Hinweise, die sie zum Täter führen, zumindest Details zum Geschehen offenbaren.
»Zur Sache gehört wurde der Gastwirt
Bajora, Heinz Bruno,
geb.: 20.11.1918 in Crimmitschau,
wohnh.: Crimmitschau, Hainstraße 73,
und gibt an:
Wir saßen gestern abend in unserer Wohnstube zusammen. Es mochte gegen 22.00 Uhr gewesen sein, als ein Auto vermutlich stadteinwärts fuhr. Um dieselbe Zeit hörte ich ein Röcheln, welches ziemlich

nahe zu sein schien, und kurze Zeit später noch einmal dieses Röcheln, aber etwas entfernter. Nachdem ich dieses Röcheln das 2. Mal gehört hatte, ging ich nach draußen und lief einmal um das Haus, konnte aber nichts Verdächtiges feststellen. Schritte hörte ich nicht. Ob ich das Röcheln vor dem Autogeräusch gehört habe oder darnach, darauf kann ich mich nicht mehr genau besinnen. Es fiel alles ungefähr in dieselbe Zeit.

Daß sich das alles gegen 22.00 Uhr abgespielt hatte, ist mir dadurch erinnerlich, daß ich bis 21.30 Uhr das Konzert im Radio anhörte und kurze Zeit später einen Anruf erhielt, auf Grund dessen ich den Bittner verständigen mußte, daß eine Ladung Salz für seine Firma angekommen sei. Nachdem ich von Bittner zurückgekommen war, hörte ich dann das Auto und das Röcheln. Bei meinem Gang zu Bittner hatte ich kein Auto oder irgendeine verdächtige Person bemerkt. Bittner wohnt in der Siedlung hinter unserem Gebäude, so daß ich nicht stadteinwärts gehen brauchte, von wo dann später vermutlich das Röcheln kam, um ihn zu benachrichtigen.« Natürlich »entsprechen meine Angaben der Wahrheit«. Weiter kann er nichts zur Sache sagen.

So wird »zur Sache gehört die Ehefrau
Bajora, geb. Schuster, Inge, Ernestine,
geb. am 30.12.1920 in Crimmitschau,
wh.: Crimmitschau, Hainstraße 73,
und gibt auf Befragen an:

Gestern am 4.4.1949 hörten wir bis gegen 21.30 Uhr

das Konzert im Radio. Darnach klingelte das Telefon, und mein Mann mußte den Bittner verständigen, daß eine Ladung Salz angekommen sei. Nachdem er zurückgekommen war, hörten wir ein Auto, welches vermutlich stadteinwärts fuhr. Kurze Zeit später waren 2 Mal röchelnde Laute zu vernehmen, und zwar einmal etwas näher und das andere Mal etwas entfernter. Als wir das 2. Mal diese röchelnden Laute vernommen hatten, ging mein Mann nach draußen, um nachzusehen, ob etwas passiert sei. Er konnte jedoch nichts feststellen. Gegen 22.30 Uhr gingen wir ins Bett und haben nichts weiter gehört, was irgendwie verdächtig erscheinen konnte.« Spärlich und unkonkret bleiben diese Hinweise. Mehr als die wahrscheinliche Tatzeit geben sie nicht an.

Auch die Lamprechts, zu denen Bittner ging, um die Polizei zu rufen, können von Geräuschen in der Nacht berichten.

»Die Hausfrau
Lamprecht, Hedwig, Selma,
geb. am 28.9.1909 in Weißbach bei Schmölln,
wohnh. Crimmitschau, Oswald-Anger-Sdl. Nr. 16,
wird gehört und gibt folgendes an:
Am 4.4.1949, um 21.45–22.00 Uhr, wir befanden uns in der Küche, habe ich Geräusche eines Autos gehört. Daraufhin begab ich mich sofort vor die Haustür nach dem Straßeneingang zu und sah hier einen Personenkraftwagen fahren, und zwar in ziemlich schnellem Tempo. Ich kann den Wagen heute nicht mehr genau

beschreiben, aber es war mir gerade so, als wenn hinten etwas aufgebaut war. Also ähnlich wie ein umgebauter Pkw in Form eines Lieferwagens. Die Nummer des Wagens habe ich nicht erkennen können, ich sah lediglich noch zwei rote Schlußlichter, die an den Außenseiten angebracht waren.
Dieser Personenkraftwagen kam vom Park her gefahren und entfernte sich nach der Hauptstraße, Hainstraße, zu. Irgendwelche Personen, die im Wagen saßen, konnte ich nicht erkennen. Dem Wagen habe ich insofern Bedeutung beigemessen, da selten zu uns in die Siedlung ein Wagen kommt. Und wenn ein Wagen kommt, dann ist das höchstens nur ein Doktorauto.«
Ihr Mann habe die plötzlichen Geräusche eines Autos auch gehört, aber sei nicht so überrascht gewesen, dass er vor der Haustür nachgesehen habe. Außerdem waren sie ja auch nicht lange zu hören.

Und ein weiterer Zeuge hat Verdächtiges vernommen. Frank Schmidt meldet sich bei der Polizei: Ein junger Mann, kaum 17 Jahre, ebenfalls wohnhaft in der Oswald-Anger-Siedlung. Er war mit seinem Freund im Kino. Vielleicht sahen sie die Defa-Produktion *Das Mädchen Christine* mit Petra Peters oder *Träum' nicht, Annette!* mit Ex-Ufa-Star Jenny Jugo. Vielleicht sahen sie eine Komödie Heinz Rühmanns oder eine mit Theo Lingen. Vielleicht einen Film aus der Sowjetunion. Vorstandsvorsitzender der Defa wurde am 1. Februar der Offizier der Besatzungsmacht und Filmregisseur Alexander N. Andrijewski.

»Zur Sache gehört wurde der ehemalige Landwirtschaftsgehilfe
Schmidt, Frank, Albert,
geb. am 21.1.1932 in Crimmitschau,
wohnh.: in Crimmitschau, Oswald-Anger-Sdl. Nr. 59,
gehört und gibt folgendes an:
Am 4.4.1949, gegen 19.30 Uhr, habe ich die elterliche Wohnung verlassen und begab mich auf den Weg ins Kino, was sich in der Fleischergasse befindet. Auf dem Weg zum Kino bin ich mit dem Matthias Antosch durch den großen Park gelaufen. Nach Beendigung des Filmes, gegen 22.00 Uhr, bin ich mit dem Matthias wieder nach Hause gegangen.
Es muß meines Erachtens nach gegen 22.30 Uhr gewesen sein, als wir den kleinen Park erreicht hatten. Wir gingen heimwärts denselben Weg wie zum Kino, und als wir die braune Laube, welche die erste von den Schrebergärten ist, erreicht hatten, hörte ich ein ›Knacken‹. Dieses sonderbare Geräusch muß meiner Ansicht nach im kleinen Park, in der Nähe des Gartenzaunes gewesen sein. Ich drehte mich auch um, konnte aber nichts sehen und auch nichts Verdächtiges wahrnehmen. Ob es der Matthias, welcher mit mir lief, gehört hat, kann ich nicht sagen, ich habe auch nicht mit ihm darüber gesprochen. Als ich mich kurz vor unserem Hausgrundstück von Matthias trennte und im Begriff war, die elterliche Wohnung zu betreten, hörte ich vor der Haustür stehend plötzlich einen leisen Schrei. Ich habe dem jedoch weiter keine Beachtung geschenkt, sondern bin in die Woh-

nung gegangen, habe mich ausgezogen und ins Bett gelegt.
Den leisen Schrei vernahm ich aus derselben Gegend, wo ich das Knacken gehört habe. Ich habe es nur einmal schreien hören. Ich kann nicht sagen, daß sich jemand unterhalten hätte.
Soweit ich von den Geschwistern der Toten hören konnte, hatte die Christa einmal einen Freund aus Zwickau, ich kann jedoch nicht sagen, wo dieser gewohnt hat und wie er heißt. Ich habe die Ruick auch nicht mit dem Freund gesehen. Ob sie sonst mit Männern Bekanntschaften hatte, kann ich nicht sagen. Wie ich die R. kannte, war sie stets eine ruhige und anständige Frau. Sonst kann ich weiter nichts über die R. sagen.
Abschließend möchte ich sagen, daß ich auf dem Weg zum Kino und auch heimwärts nichts Verdächtiges wahrnehmen konnte. Ich habe auch niemand gesehen, der sich in der Nähe des Parks aufgehalten hat.«

Vielleicht, so meint Christas Vater, kann er eine Erklärung für das von den Bajoras und den Lamprechts gegen zehn Uhr abends vernommene Motorengeräusch geben.
»Ruick, Hans,
geb. am 31.8.1900 in Chemnitz,
Beruf: Schumacher,
gibt an:
Gestern gegen 21.00 Uhr besuchte mich der Landwirt Franz Wasmund aus Lauenhain, und zwar kam er mit seiner Zugmaschine. Er fragte nach, ob seine Schuhe

fertig sind. Wasmund hielt sich kaum 2 Minuten bei mir auf und ließ während dieser Zeit seine Zugmaschine, d. h. den Motor laufen. Auf meine Frage, woher er komme, antwortete er mir: ›Aus der Stadt.‹ Wohin er noch fahren wollte oder tatsächlich gefahren ist, weiß ich nicht.«

Dass Wasmunds Zugmaschine das in Lamprechts und Bajoras Aussagen beschriebene Motorengeräusch verursacht hat, bezweifeln die Kriminalisten. Hedwig Lamprecht beschrieb den von ihr gesehenen Wagen als umgebauten Pkw, einer Zugmaschine ähnlich ist der nicht. Und Wasmund fuhr wieder weg, als noch eine Stunde bis zur Tat und den vernommenen Lauten verging. Doch möglich ist es zweifellos, dass ein Auto, welches die Zeugen hörten, mit dem Verbrechen im Zusammenhang steht. Alwin Bittner sagte aus, dass er, als er gegen 22 Uhr gerufen wurde und zur Arbeit fuhr, ein Pärchen am Zaun der Gärtnerei im Zöffelpark gesehen hätte. Sicher war er sich nicht, dass es tatsächlich Mann und Frau gewesen sind, die sich da miteinander beschäftigten. Möglich, dass die beiden einem Auto entstiegen waren. Möglich ist auch, dass sie mit der Tat in Verbindung stehen. Zumindest sind es Zeugen, die gefunden werden müssen, denn eine Aussage können sie auf alle Fälle machen. Gesprochen werden muss auch mit jenem Kopka, der mit der Ermordeten ein Liebesverhältnis pflegte, wenn es auch vor Monaten einvernehmlich auseinanderging. Doch stand Kopka bei der Ermordeten in der Schuld: 200,-- Mark hatte er sich von ihr geliehen, davon 100,-- DM wiedergegeben. Insgesamt viel Geld, fast ein Monatsverdienst zu damaliger Zeit.

Von der Befragung Klementine Hobracks, Christas Tante, erhoffen sich die Kriminalisten mehr als sachdienliche Hinweise bei der Aufklärung. Klementine Hobrack hat die Ermordete zuletzt gesehen, bei ihr hat die Christa Ruick den Abend vor ihrem Tod verbracht.

»Zur Sache gehört wurde die Ehefrau
Hobrack, Klementine, Ilse,
geb. am 7.5.1916 in Crimmitschau, Hainstraße 15,
gehört und gibt folgendes an:

Ich bin die Tante der Christa Ruick und wohne schon seit meiner Geburt in Crimmitschau. So kam mich nun auch meine Nichte des öfteren besuchen, wenn es ging, kam sie auch gleich von der Arbeit weg. Sie arbeitete bei der Firma Bär & Teufel, in einem volkseigenen Betrieb in Crimmitschau als Näherin. Wie mir bekannt ist, hat sie dort eine sehr gute Freundin, und sie kennen sich auch schon von ihrer Kindheit her. Wenn meine Nichte einmal wegging, dann war sie stets in Begleitung ihrer Freundin der Heiderose Lindner, Crimmitschau, Leipziger Str. Nr. 132.

Am 4.4.1949, gegen 19.30–19.45 Uhr, war meine Nicht' bei mir, und sie blieb bei mir bis gegen 21.45 Uhr. Sie kam von zu Hause, und wir haben in der Zeit, wo sie bei mir war, gestrickt. Wir haben uns auch über verschiedene Dinge unterhalten, und ich kann nicht sagen, daß meine Nicht' irgendwie verändert war. Im Gegenteil, sie war lustig und aufgelöst, und als sie dann nach

Hause ging, habe ich ihr noch meine schwarzen Keilschuhe gegeben, denn ich kann diese nicht tragen. Sie hatte mich darum gebeten, ich möchte ihr die Schuhe ablassen, und sie hatte die Absicht, mir die Schuhe auch noch zu bezahlen, wenn sie ihr passen würden.
Als sie gestern abend zu uns kam, hatte sie eine Tasche bei sich sowie ihr Strickzeug, sonst hatte sie nichts weiter mitgehabt. Als sie uns gegen 21.45 verließ, hatte sie noch ihre braunen Halbschuhe ausgezogen und zog meine Keilschuhe an. Sie hat sich noch von mir und meinem Mann verabschiedet und sagte noch zu uns beiden ›Gute Nacht!‹. Dann hatte mein Mann meine Nichte bis zur Haustür gebracht, und sie sagte dann noch so im Scherz zu meinem Mann: ›Darf ich dich einmal drücken?‹ So ging sie von uns weg mit ihrer Tasche in der Hand, in der sich die braunen Halbschuhe befanden. Sonst habe ich ihr nichts weiter gesagt. Wenn sie mich ansonsten besuchen kam, sagte ich ihr immer ausdrücklich, daß sie nicht durch den Park nach Hause gehen soll. Ich tat dies aus dem Grunde, weil meine Nichte nicht hören konnte. Sie gab mir aber immer zur Antwort: ›Du darfst keine Angst haben.‹ Mit Gebärden zeigte sie mir dann noch, daß sie sich jederzeit mit Händen und Füßen wehren würde, wenn etwas an sie herantreten würde. Ihre Sprache war sehr gebrochen, aber wir haben sie immer gut verstanden und wußten auch, was sie wollte. Einmal sagte sie zu mir, daß ich ihr alles sagen solle, was ich will, damit wollte sie ihre Zeichensprache vermeiden. Im allgemeinen war sie sehr aufnahmefähig und war immer bestrebt, sich fortzubilden.

Ich kann auch nicht sagen, daß sie außer einem gewissen Herrn Kopka irgendwelche Herrenbekanntschaften gehabt hat. Mit diesem Herrn war sie ungefähr ein halbes Jahr bekannt, und ich weiß nicht, ob sie mit Herrn K. in geschlechtlicher Beziehung stand. Wie die beiden Menschen näher zueinander standen, ist mir nicht bekannt.
Sie erzählte mir einmal, daß dieser K. einen schlechten Ruf habe und sie sei bisher anständig durchs Leben gegangen. Aus diesem Grunde hatte sie auch weitere Beziehungen zu K. auf eine gute Art und Weise abgebrochen. Die beiden Menschen sind nicht im Bösen auseinandergegangen. Auf die gleiche Art und Weise ging das Verhältnis mit der Heiderose Lindner und dem K. auseinander. Es war sogar soweit, daß die Heiderose mit unserer Christa etwas auseinandergekommen war, und zwar wegen dem Kopka. Soweit ich mich noch erinnere, ist das Verhältnis mit dem K. etwa im Oktober 1948 abgebrochen worden, denn wir waren Weihnachten noch zusammen, und zu dieser Zeit ist Kopka nicht mehr mit uns zusammen gewesen.
Daß meine Nicht' Feinde gehabt hat, kann ich nicht sagen, ich kann es den Umständen nach kaum annehmen, denn sie war in ihrem ganzen Wesen und Charakter ein liebenswerter Mensch. Wenn sie irgend etwas auf dem Herzen hatte, kam sie dann immer zu mir, und stets hatte sie sich mit mir ausgesprochen. Sie hatte mir stets alles gesagt. An diesem letzten Abend, wo sie bei mir war, hat sie sich genauso gegeben, wie

an den anderen Tagen, wo sie mich besuchen kam.« Mehr kann die Tante zum Abend vor der Tat nicht sagen. Ein schreckliches Geschehen. Die Angehörigen stehen noch immer unter Schock.

Doch gibt Klementine Hobrack einen neuen Hinweis auf den ehemaligen Freund der toten Nichte, mit dem diese wohl auch sexuell verkehrte. In die Familie war er eingeführt, was zunächst auf eine gemeinsame Perspektive schließen ließ. Doch löste Christa diese Verbindung auf. Ihre beste Freundin, Heiderose Lindner, hatte ihn ihr ausgespannt. Und jener Kopka hatte bei Christa Ruick Schulden, obwohl er den Beruf des Bergarbeiters ausübt und als solcher gut verdienen dürfte. Es scheint aber nicht so, dass persönliche Motive den Grund für diese Gewalttat lieferten. Aber nichts wird ausgeschlossen, und Heiderose Lindner wird von den Ermittlern aufs Präsidium zum Gespräch gebeten.

»Zur Dienststelle Crimmitschau bestellt, erscheint mit ihrem Vater die Auslegerin
Lindner, Heiderose, Gertrud,
geb. am 30.9.1921 in Crimmitschau,
wohnh.: Crimmitschau, Leipziger Straße, Nr. 132,
ledig, ohne Kinder,
und gibt an:

F: Wann sind Sie mit Christa das letzte Mal zusammen gewesen?

A: Am Sonnabend, den 2.4.1949. Wir waren von 20.30 bis 22.00 Uhr im Kino in der Fleischergasse.

F: Sind Sie direkt vom Kino nach Hause gegangen, oder wollte Christa sich noch mit einer Person treffen?

A: Wir gingen direkt nach Hause. Christa hat nichts gesagt, daß sie sich mit jemand treffen wollte.

F: Wann wollten Sie sich wieder treffen?

A: Wir haben nicht direkt etwas ausgemacht. Wir hätten uns durch eine Bekannte mittels eines Zettels im Laufe der Woche verständigt, wann wir wieder zusammentreffen.

F: Hatte Christa irgendwelche Männerbekanntschaften?

A: Sie hatte keine Männerbekanntschaften. Lediglich früher die Bekanntschaft mit einem Kopka aus Zwickau, mit dem sie seit Oktober 1948 nicht mehr verkehrt.

F: Hat Christa etwas erzählt, ob sie mit Kopka geschlechtlich verkehrte und wie er sich dabei benommen hat?

A: Wenn Christa nicht wollte, hat er auch nichts weiter von ihr verlangt, er hat sie nicht gequält, um einen Geschlechtsverkehr zu erreichen.

F: Hat Christa irgend etwas geäußert, daß sie von Kopka oder anderen Personen bedroht wurde oder sich bedroht fühlte?

A: Sie hat nicht geäußert, daß sie sich durch den Kopka oder andere Personen bedroht fühlt oder bedroht wurde.

F: Wissen Sie, ob Kopka bei Christa Schulden hat?

A: Noch ungefähr 100,-- DM.

F: Hat Christa Ihnen etwas davon gesagt, ob sie der Kopka noch einmal besuchen will?

A: Christa sollte Ostern wieder nach Zwickau kommen.

F: Sie kennen doch Kopka, haben Sie ihn in letzter Zeit nicht in Crimmitschau gesehen?

A: Ich kenne Kopka, habe ihn aber in letzter Zeit nicht in Crimmitschau gesehen.

F: Kopka wollte doch einmal mit Ihnen verkehren, hat er sich Ihnen gegenüber schlecht, das heißt brutal oder aufdringlich benommen?

A: Kopka war mir gegenüber anständig.

F: Haben Sie sonst noch etwas Besonderes, was mit dem Mord an Ihrer Freundin Christa in Verbindung gebracht werden könnte? Was sie Ihnen eventuell gesagt hat, oder was Sie durch ihr Verhalten bemerkten?

A: Ich habe nichts Besonderes mehr, was mit dem Mord in Verbindung gebracht werden könnte. Das Verhalten der Christa war am letzten Sonnabend, als wir das letzte Mal zusammen gewesen sind, unverändert.

Ich habe alle Fragen und Antworten, wie sie hier niedergeschrieben wurden, durchgelesen und bestätige die Richtigkeit durch meine eigenhändige Unterschrift.«

Der Vater bestätigt mit Unterschrift die Richtigkeit der Unterschrift seiner Tochter.

In Zwickau suchen Kriminalisten die Wohnung Dieter Kopkas auf. Nur seine Mutter trifft man an:

»Zur Sache gehört wurde in Zwickau die Witwe
Kopka, geb. Vogt, Frieda, Elisabeth,
geb. am 2.6.1880 in Feuerfeld, Krs. Heilbronn,
wohnh.: Zwickau, Reichenbacher Straße 48,
und gibt an:
Mir gehört die Wohnung, in der mein Sohn wohnt. Da mein Sohn bald heiraten will, bin ich die ganze Zeit bei meiner Tochter in der Emilienstraße 2a. Mein Sohn wohnt also z. Zt. mit seinem Sohne allein.
Soviel mir bekannt ist, geht mein Sohn ganz selten einmal fort. Er arbeitet im Bergbau in Niederschlema, muß jeden Tag zeitig aufstehen und ist durch seine anstrengende Arbeit abends sehr ermüdet. Gestern war ich gegen 19.00 Uhr bei ihm. Ob er nachdem noch einmal weggegangen ist, weiß ich nicht. Ich halte es nicht für möglich, da er immer sehr zeitig mit seinem Sohn schlafen geht.
Mit der Christa Ruick aus Crimmitschau hat er einmal ein Verhältnis gehabt. Sie sind im Guten auseinandergegangen. Ich halte es für ausgeschlossen, daß mein Sohn die Christa ermordet hat.« Allein solch ein Gedanke verbietet sich für Frieda Kopka. Und nähere Angaben zum Privatleben ihres Sohnes zu machen – da mischt sich eine Mutter doch nicht ein. Schwer hat es Dieter Kopka ohnehin als alleinerziehender Vater. Es ist kein Jahr her, da wurde die Ehe geschieden. Michael, der Enkelsohn, ist neun und besucht die Schule. Sehr selbständig ist der Junge. Sie haben ein gutes Verhältnis, Vater und Sohn. Endlich hat der Dieter auch wieder eine Frau gefunden, mit der er sein Le-

ben teilen will. Und Michael braucht eine Mutter, die sich um den Jungen kümmert. Bergbau fordert einen, ist schwere Arbeit, wird gut bezahlt. Aber allein der Arbeitsweg von der Reichenbacher Straße nach Niederschlema kostet viel Zeit. Er kehrt spät von der Arbeit heim, jetzt ist er nicht da, und wann Dieter Kopka wiederkommt, weiß die Mutter nicht. Die Ermittler beschließen, es zu andrer Zeit erneut zu versuchen. Die Mutter wird ihren Sohn informieren. Verdachtsmomente haben sich keine ergeben.

Neue Hinweise eröffnen sich. Beschrieb Alwin Bittner zwei Menschen, die im Zöffelpark nah beieinander standen, so hat sie auch ein anderer zur selben Zeit gesehen und kann genauere Angaben zu ihnen machen:
»Zur Sache wurde der Werkschutzleiter
Steinfeld, Harry,
geb. am 7.1.1902 in Crimmitschau
wohnh.: Gablenz, Steingasse 9c,
gehört und gibt an:
Ich bin der Werkschutzleiter bei der Firma EO & Zöpflein Crimmitschau. Diese Woche habe ich Nachtdienst. Dieser beginnt um 22.00 Uhr und endet früh 6.00 Uhr. Gestern, am 4.4.1949, ging ich wie gewöhnlich gegen 21.15 Uhr von zu Hause weg, um mich an meine Arbeitsstelle zu begeben. Dabei führt mein Weg durch den im Volksmund so genannten Hellgraben. In Wirklichkeit heißt es aber Zöffelpark. Es war gegen 21.45 Uhr bis 22.00 Uhr, als ich am Gelände der Gärtnerei Wellmann vorüberging. Auf dem schmalen Weg

am Grundstück der Gärtnerei bemerkte ich ein Pärchen. Das Mädchen stand mit dem Rücken zu mir auf dem Weg, während der Mann mit dem Rücken zum Zaun nach der Gärtnerei zu stand. Um mir Platz zu machen, ging das Mädchen einen Schritt zur Seite und trat ebenfalls an den Zaun zu. Bei meinem Vorbeigehen habe ich den Mann noch gestreift, welcher etwas murmelte, ohne daß ich es verstand.
Auf Vorhalt: Gesprochen haben diese beiden während meines Vorübergehens nicht. Ich hatte auch nicht den Eindruck, daß das Mädchen gezwungener Maßen dort gestanden hat. Obwohl es nicht gerade finster war um diese Zeit, habe ich mir die Person nicht genauer angesehen. Ich glaube, mich aber erinnern zu können, daß das Mädchen helles Haar hatte. Eine Kopfbedeckung, Kopftuch oder dergleichen, habe ich nicht wahrgenommen. Die Überkleidung des Mädchens muß meiner Ansicht nach dunkel gewesen sein. Der Mann war meines Erachtens nach in meiner Größe, nämlich 1,70 m, er kann auch eher etwas kleiner gewesen sein. Ich nehme an, daß dieser keinen Mantel trug. Der Anzug war aber ebenfalls dunkel. Nach der Kopfbedeckung gefragt, kann ich nur sagen, daß ich diese nicht hundertprozentig behaupten kann. Ich nehme aber an, es handelt sich um einen Hut. Als ich heute morgen in unserem Betrieb von dem Mord erfuhr, habe ich sofort die Polizei auf meine Wahrnehmungen aufmerksam gemacht.«
Drei Tage später meldet sich ein weiterer Zeuge, der Verdächtiges gesehen hat. Zwar einen Tag vor dem

grausamen Mord, doch erscheint es dem Zeugen möglich, dass der Mann, den er gesehen hat, sich öfter in der Gegend des Zöffelparks herumtreibt. Auf der Dienststelle erscheint der

»Rudolph, Kurt, Oswald,
geb.: 13.5.1921 in Crimmitschau,
Beruf: Maschinenschlosser,
wohnh.: Crimmitschau, Bayerstr. 1c,
und gibt zur Sache folgendes an:

Am Sonntag, den 3.4.1949, kam ich von meiner Schwester, die in der Lassallestraße wohnt, und ging die Hainstraße stadteinwärts. Vor der Gärtnerei Wellmann beobachtete ich, wie aus dem Zöffelpark kommenden Weg ein Mann in die Hainstraße einbog. Kurz vor dem ersten Haus überholte ich ihn. Dabei hörte ich, wie der betreffende Mann etwa folgendes sagte: ›Gott verdammich, hält man denn so etwas für möglich!‹ Er sprach dann noch mehr, ich konnte nichts weiter verstehen, da er ziemlich leise sprach. Soweit ich feststellen konnte, handelte es sich um den Datt aus Neukirchen.

Er trug einen dunklen Mantel, ob er einen Hut aufgehabt hat, kann ich jetzt nicht mehr mit Sicherheit behaupten. Da ich wußte, daß Datt nicht ganz normal ist, sprach ich ihn nicht an. Ich wunderte mich aber, daß D. plötzlich wieder in die Lassallestraße in Richtung Zöffelpark ging. Er kehrte dann wieder um und lief weiter die Hainstraße stadteinwärts. Ich kann mich genau entsinnen, daß es diesem Zeitpunkt 9 Uhr geschlagen hat.

Als ich am Montag von dem Mord hörte, dachte ich gleich, daß D. eventuell damit in Verbindung zu bringen wäre.« Freiwillig, ohne Druck habe er diese Angaben gemacht, sagt Kurt Rudolph und fügt im Nachtrag hinzu: »Ich hörte nicht am Montag von dem Morde, sondern erst am Dienstag, den 5.4.1949.« Deshalb habe er seine Beobachtungen erst jetzt der Polizei gemeldet. Die Ermittler halten Datt als Namen fest, der zu befragen sei. Vielleicht ist dieser Herr Datt ein Teil jenes Paares, das von den anderen Zeugen bereits beschrieben worden ist.

Und auch der Besitzer eines Gartens, der nur durch einen Zaun vom Zöffelpark getrennt ist, erscheint auf dem Polizeirevier.
»Zur Sache gehört wurde der Schlosser
Behnke, Albert, Paul,
geb.: 24.12.1904 in Gößnitz,
wohnh.: Crimmitschau, Werdauer Straße 41,
und gibt an:
Ich habe ein kleines Gartengrundstück im Gartenverein *Grüner Winkel* am Zöffelpark, und zwar Garten Nr. 3. Mein Garten grenzt, durch einen Drahtzaun getrennt, unmittelbar an den Zöffelpark.
Am 5.4.1949, morgens, erfuhr ich auf meiner Arbeitsstätte, daß im Zöffelpark ein Mädchen ermordet aufgefunden worden sei. Am Mittwoch, den 6.4.1949 wurde dann in der Fabrik davon geredet, daß das Mädchen mit einem Hammer erschlagen wurde. Jetzt fiel mir ein, daß ich, als ich am Dienstag, den 5.4.1949, nachmittags

gegen 17 Uhr meinen Garten betrat, die Gartenlaube offenstehend vorgefunden hatte. Ich möchte bemerken, daß ich die Tür bei meinem Weggehen verschlossen hatte. Den Schlüssel ließ ich wie gewöhnlich im Schloß der Tür stecken. Als ich jedenfalls nun erfahren hatte, daß das Mädchen mit einem Hammer erschlagen worden ist, sagte ich noch zu meinen Arbeitskollegen, daß meine Laube aufgeschlossen gewesen sei und offenstand, und es sich doch nicht etwa um meinen Hammer, der in der Gartenlaube stand, handelt. Am Mittwoch, den 6.4.1949, wollte ich auch sogleich die Sache überprüfen, wurde jedoch durch eine Fahrt nach Ponitz davon abgehalten. Am Donnerstagabend kam ich nun endlich dazu und stellte fest, daß mir tatsächlich der Hammer abhanden gekommen ist, sich dieser also nicht mehr in der Laube befand. Gleichzeitig möchte ich bemerken, daß ich den Hammer das letzte Mal am Sonntag benutzte und genau weiß, daß ich ihn bei meinem Weggehen in der Laube rechts an die Tür hinstellte. Wie nun schon gesagt, befand er sich am Donnerstag bei meinem Nachsehen nicht mehr an diesem Platz.

Den mir vorgezeigten Hammer erkenne ich einwandfrei als mein Eigentum wieder, und zwar an den Buchstaben ›FW‹, der Größe und seiner sonstigen Beschaffenheit.

Am Montag, den 4.4.1949, war ich ebenfalls in meinem Garten und bin gegen 19.15 Uhr nach Hause gegangen. Ob an diesem Tage und zu dieser Zeit der Hammer noch an seinem Platz in der Laube gestanden hat, kann ich nicht mit Bestimmtheit sagen, ich

nehme dies aber an. Verdächtig erscheint mir auf jeden Fall, daß am Dienstag die Gartenlaube offenstand. Wenn ich gefragt werde, ob in meiner Gartenlaube, als ich diese am Dienstagabend betrat, etwas verändert gewesen ist, so muß ich sagen, daß mir nichts aufgefallen ist. Auch muß ich weiter sagen, daß ich nicht feststellte, ob mir etwas fehlt. Wenn ich weiter gefragt werde, wer gegebenenfalls Kenntnis davon gehabt haben könnte, daß ich meinen Hammer in meiner Gartenlaube habe, so muß ich sagen, daß ich eigentlich niemand benennen könnte. Ich habe auch keine Fußspuren in meinem Garten feststellen können, die der Hammerdieb evtl. verursacht hätte.
Hinzufügen möchte ich, daß mein Garten zu jeder Zeit ohne weiteres zu betreten ist, daß ich weder Schlösser noch sonstige Sicherheitsmaßnahmen getroffen habe. Die Ermordete ist mir bekannt, und ich könnte keinerlei Hinweise bezüglich des Täters geben. Auch sonst ist mir keine verdächtige Person aufgefallen, d. h. als ich am Montagabend in meinem Garten gewesen bin, die in der Gegend meines Gartens umherlief. Wie gesagt, es ist mir ein Rätsel, wer diesen Hammer entwendet hat und wer das Mädchen ermordete.«
Dies wirft ein neues Licht auf die Ermordung Christa Ruicks: Der Mörder könnte das Tatwerkzeug im Garten erst entdeckt und mitgenommen haben. Wie aber hätte der Täter wissen können, dass der Hammer hinter der Türe in Behnkes Laube stand? War er auf Raubzug durch die Kleingärten? Er entwendete aber einzig einen Hammer aus Behnkes abgeschlossener

Laube. Danach begegnete ihm zufällig Christa Ruick im Zöffelpark? Zur Tat hätte sich der Mörder demnach sehr spontan entschlossen, ein Mord aus plötzlich überkommener Lust mit einem soeben gestohlenen Hammer? Die Hanfseile zur Fesselung dagegen musste Christas Mörder bereits bei sich gehabt haben. Denn weitere Diebstähle aus den Gärten des *Grünen Winkels* sind nicht gemeldet worden.
»Vermerk: Behnke macht bei seiner Vernehmung einen sehr guten Eindruck und legte an und für sich ein sicheres Auftreten an den Tag. Bei seiner Feststellung, als man ihm den Tathammer in die Hand gab, ob es sich tatsächlich um seinen Hammer handelt, kam er erst nach längerem Zögern zu der Überzeugung, daß es tatsächlich sein Hammer sei. Auf irgendwelche besonderen Merkmale außer der angegebenen, eingehauenen Buchstaben ›FW‹ konnte sich Behnke nicht besinnen, obwohl das Tatwerkzeug markante Merkmale aufweist, die dem Besitzer unzweifelhaft im Gedächtnis sein müßten. Nach hiesigem Erachten kann man der Aussage Behnkes, daß es sich um seinen Hammer aus der Gartenlaube handelt, keine hundertprozentige Bedeutung beimessen.«

Der von Kurt Rudolph als Datt erkannte Mann heißt Egon Datt und ist der Stadt als geistig Behinderter bekannt. Nachfragen zu seiner Person ergeben, dass er mit Emilie, Emmi Kunze ein Liebesverhältnis pflegt, wenn man es so nennen will und kann. Jedenfalls habe man die beiden oft genug zusammen gesehen, auch in zweideutigen Situationen und im Streit. Wobei die Kunze auch keinen einwandfreien Ruf besitzt. So lädt man die Besagte am 8. April 1949 zum Verhör.

»Zur hiesigen Dienststelle bestellt, erscheint
Kunze, geb. Zinner, Emilie, Gisela,
geb. am 20.3.1909 in Königswalde bei Werdau,
wohnh.: Crimmitschau, Gablenzer Str. 6,
von Beruf Andreherin bei der Fa. H. Kürzel,
und gibt, mit dem Gegenstand der Vernehmung vertraut gemacht und zur Wahrheit ermahnt, zur Sache folgendes an:

Ungefähr ein oder zwei Wochen vor meinem Geburtstag in diesem Jahr lernte ich Datt auf folgende Art und Weise kennen. Ich war im Kino, und auf dem Nachhauseweg sprach er mich auf der Straße an, ob er mich nach Hause begleiten könne. Ich hatte nichts dagegen und ließ ihn mitgehen. Seit dieser Zeit habe ich nun keine Ruhe mehr vor ihm. Eines Tages kam er einmal, ich war gerade nicht zu Hause, und die Hausleute sagten ihm das, und er ging einfach nach oben und brach die Tür auf. Da ich mich nun in der Nachbarschaft aufhielt, holten mich die Leute, vielmehr wollten sie erst die Polizei holen, und da riß er aus, kam aber einige Minuten später wieder zu mir und sagte, daß er doch nicht richtig sei. Von diesem Zeitpunkt an merkte ich dann, daß etwas mit ihm nicht stimmte. Er kam aber trotzdem noch fast jeden Abend zu mir, und wenn ich nicht aufmachte, verursachte er einen ziemlichen Krach.

Ich hatte mit ihm auch einige Male Geschlechtsverkehr. Er war immer sehr erpicht darauf, und wenn ich einmal nicht gleich so mitmachte, wie er wollte, so wurde er ziemlich aggressiv und umarmte mich in einer ziemlichen Ekstase und sagte mir immer, daß er mich lieb habe. Der aktive Teil bei dieser Sache war immer er. Ich habe ihm dazu nie den Anlaß gegeben.

Am Montag, den 4.4.1949 abends, mußte ich nun mal nach Lauenhain zur Frau Wienhold, und mein Mann war bei der Tochter dieser Frau Pate, um ein Patengeschenk hinzubringen. Ich hatte mit ihm vorher darüber gesprochen, und er wollte mich abholen. Es schlug an der Johanniskirche gerade 10.00 Uhr (22.00 Uhr), als ich mich von Lauenhain her der Oswald-Anger-Siedlung näherte. Am östlichen Ausgange des Zöffelparks stand D. Er sagte zu mir: ›Da unten hat jemand geschrien, es klang so, als ob jemand umgebracht worden wäre. Ich habe so etwas wie Schläge gehört.‹ Wir gingen dann den Weg, der an der Nordseite des Zöffelparks entlang führte, bis zu Schneiders Scheune, bogen links ab und setzten uns auf die Bank am Zöffeldenkmal. Er versuchte mich dort zu gebrauchen, es kam aber jemand vorbei, wodurch wir gestört wurden und aufstanden. Wir gingen dann weiter die Lassallestraße und Hainstraße entlang bis in die Stadt vor meine Wohnung. An der Ecke davor verabschiedete sich D. von mir und sagte, er wolle heute einmal zeitig nach Hause gehen, da sein Vater immer schimpfe. Als er von mir ging, war es etwa 11 Uhr.

Von jenem Moment, in dem ich es 10 schlagen hörte, bis zu dem Zeitpunkt, zu dem wir vor dem Zöffelpark

zusammentrafen, kann es etwa 10–15 Minuten gedauert haben. D. schien mir an diesem Abend etwas nervös. Einige Abende vorher sagte er mir einmal, er habe Angst vor der Polizei.
Hinzufügen möchte ich noch, daß ich mit ihm vorher besprochen habe, daß ich auf dem Rückweg von Lauenhain den Marktsteig benutzen werde. Den genauen Punkt, wo er mich nun treffen sollte, haben wir nicht festgelegt. Er stand aber dort, wo sich der Weg nach der Sonnensiedl. mit dem Weg nach dem Zöffelpark schneidet und wartete auf mich. Zunächst war ich etwas erschrocken, ich habe ihn dann aber erkannt.
Als ich ihn dort antraf und er mir seine Wahrnehmungen, die er eben aus Richtung des Parks gemacht hatte, die ich aber nicht gehört hatte, mitteilte, war er etwas aufgeregt, also anders wie sonst. Nach einer kurzen Zeit hatte er sich wieder beruhigt und benahm sich wie immer.
Ich weiß, daß ich mich der Verheimlichung eines Verbrechens schuldig mache, wenn ich etwas weiß und dies hier nicht angebe. Weiter kann ich zu dieser Angelegenheit nichts mehr aussagen.
Wenn ich gefragt werde, ob von meinem Werkzeug ein Hammer fehlt, so muß ich sagen, daß dies nicht der Fall ist. Ich glaube auch nicht, daß Datt zu meinem Werkzeug konnte. Jedenfalls war er in meinem Beisein nicht in dem Raum, wo mein Werkzeug untergebracht ist.«

Die Ermittlungen werden auch in diese Richtung fortgeführt, selbst wenn für eine Täterschaft des Egon Datt nicht allzuviel spricht. Nach einem soeben vollbrachten Mord hätte er wohl kaum Emmi Kunze zum Geschlechtsverkehr aufgefordert. Andrerseits hat nicht nur sie den Datt als aggressiv beschrieben. Gebrüllt hat er und ihre Türe eingetreten, als ein Abend nicht so lief, wie er sich ihn vorgestellt hatte. War Egon Datt in einer solchen Stimmung im Zöffelpark der Christa Ruick begegnet?

Am 9. April datiert der »Vermerk: In den Diensträumen der Revierkriminalpolizeistelle Crimmitschau wurden die Kunze sowie der in ihrer Aussage genannte Egon Datt nochmals gehört.

Der Datt ist vollkommen geistesgestört und nicht in der Lage, etwas Zusammenhängendes zu schildern. Aufgefordert zu erzählen, was er in der fraglichen Zeit gemacht hat und wo er sich befand, sieht er nur teilnahmslos drein und sagt höchstens, er habe Angst, daß er wieder eingesperrt werde. Erst auf die Versicherung hin, daß er nicht eingesperrt werde, wenn er alles genau erzähle, war er etwas zugänglicher. Trotzdem konnte er über die Tat selbst nichts angeben. Nur nach der Stellung von Suggestivfragen antwortete er, z. B.:

F: Du hast doch das Mädchen mit dem Hammer erschlagen?

A: Ja.

F: Wo hast du denn den Hammer her?

A: Das weiß ich nicht mehr.

F: Dann hast du dem Mädchen die Hosen ausgezogen?

A: (ganz entsetzt) Nein, das mach' ich nicht! So etwas mach' ich nicht!

Eine Durchsuchung seiner Wohnung förderte nichts Belastendes für ihn zutage.
Die Kunze macht ebenfalls den Eindruck, daß sie nicht ganz normal sei. Ihre Angaben widersprechen sich ständig. Sie ist genau wie Datt nicht in der Lage, irgend etwas Zusammenhängendes zu schildern.«
Und weiter heißt es: »Datt wurde heute an den Tatort geführt. Zunächst sollte er den Weg gehen, den er ging, als er am Montag, den 4.4.1949, abends die Kunze abholte. Es gelang ihm nur schwer. Dann sollte er die Gartenlaube zeigen, aus welcher er den Hammer geholt hat. Er führte uns in eine Gegend des Zöffelparks, die weitab vom Tatort liegt und wo keine Lauben vorhanden sind. Später fand er die Laube des Behnke, aus der nach dessen Angaben der Hammer stammen soll. Bemerkt muß aber werden, daß er nur dorthin geleitet wurde.«

Schließlich trifft man Christa Ruicks Ex-Geliebten an.
»In seiner Wohnung aufgesucht und zur Sache gehört wurde der Bergarbeiter
Kopka, Dieter, Karl,
geb.: 19.6.1911 in Frankfurt/M.,
wohnh.: Zwickau, Reichenbacher Straße 48,
und gibt an:
Im Mai 1948 wurde ich das zweite Mal geschieden. Seit dieser Zeit wohne ich mit meinem 9jährigen Sohn bei meiner Mutter in der Reichenbacher Str. 48. Ich arbeite im Erzbergbau in Niederschlema, und zwar in drei Schichten, Früh-, Mittag- und Nachtschicht.

Vor ungefähr 2 Jahren lernte ich durch die Vereinigung ›Gehörlose Sprachvereinigung‹ bei einem Vergnügen in den Lindensälen Zwickau-Schedewitz Frl. Christa Ruick und Frl. Heiderose Lindner, beide aus Crimmitschau, kennen. Ich tanzte mit den beiden Mädchen und unterhielt mich auch an der Tafel mit ihnen. Nachdem ich im Mai 1948 für schuldig geschieden worden bin, besuchte ich Frl. Ruick sowie ihre Freundin Heiderose Lindner in Crimmitschau. Meine Neigung zur Frl. Ruick fand auch ihre Einwilligung. Auch hatten ihre Eltern nichts dagegen einzuwenden. So fuhr ich nun jeden Sonnabend und Sonntag zu ihr nach Crimmitschau. Wir gingen zu Tanz und auch ins Kino. War das Wetter schlecht, so blieben wir bei ihren Eltern in der Wohnung.
Im Oktober 1948, es ist zum Siedlerfest gewesen, war ich das letzte Mal mit Frl. Ruick zusammen. Sie erklärte mir, daß aus unserer künftigen Ehe nichts werden könne, da ich schon zum zweiten Mal geschieden sei und auch zwei Kinder habe. Sie erklärte mir weiter, sie wolle einmal eine harmonische und glückliche Ehe führen, was sie sich aus unserer Zukunft nicht versprach. Wir tauschten uns im Guten aus und lösten unser Verhältnis im beiderseitigen Einvernehmen auf. Sie wünschte von mir, ich soll mit ihr weiterhin im Briefverkehr bleiben, was ich ihr auch versprach, leider bis heute aber noch nicht getan habe.
Es kann 6 Wochen her sein, als Frl. Ruick zu uns auf Besuch kam. Es war an einem Sonnabendnachmittag, ich lag, da ich Nachtschicht hatte, noch im Bett.

Meine Mutter verständigte mich von dem Besuch, und ich unterhielt mich dann mit Frl. R., wobei sie zum Ausdruck brachte, daß sie sich darüber wundere, daß ich ihr noch nicht geschrieben habe. Im weiteren Gespräch verlangte sie dann das Geld (DM 200,--), welches sie mir im September 1948 borgte, damit ich die Gerichtskosten für meine Ehescheidung bezahlen konnte. Da ich nicht soviel Geld da hatte, gab ich ihr DM 100,--. Wir vereinbarten, daß sie die restlichen DM 100,-- nach Ostern in meiner Wohnung abholen kann. Sie ging dann gegen 17.00 Uhr wieder weg, denn sie wollte noch einkaufen gehen und dann mit dem Zug um 18.45 Uhr nach Crimmitschau zurückfahren. Seit dieser Zeit habe ich Frl. R. nicht mehr gesehen.
Am Montag, den 4.4.1949, kam ich gegen 16.30 Uhr von der Arbeit nach Hause und ging mit meinem Sohn gegen 21.00 Uhr schlafen, weil ich morgens 2.30 Uhr schon wieder aufstehen muß, um nach Niederschlema zu meiner Arbeitsstelle zu fahren. Als ich am 5.4.1949 gegen 16.30 Uhr von der Arbeit zurückkam, wurde ich zu einem Verhör zur Kriminalpolizei Zwickau gebracht, wo mir gesagt wurde, daß Frl. Ruick am 4.4.1949 ermordet aufgefunden worden sei.
Auf Vorhalt:
Ich kann nur sagen, daß ich Frl. Ruick als ein anständiges, gutes und fleißiges Mädchen kennenlernte. Streitigkeiten hat es zwischen uns nicht gegeben. Ob sie nach mir noch andere Herrenbekanntschaften gehabt hat, kann ich nicht sagen. Auch ist mir nicht bekannt, daß sie mit jemand in Feindseligkeiten gelebt

hat. Erwähnen möchte ich noch, daß zu Hause bei Frl. Ruick häufig grobe Schimpfworte gegen sie gebraucht worden sind. Sie erzählte mir einmal, daß sie ihr Vater auf den Kopf gehauen hätte.
Ich versichere nochmals, daß ich Frl. R. vor 6 Wochen zum letzten Mal gesehen habe. Auch kann ich durch meine Mutter sowie durch meinen Sohn den Nachweis erbringen, daß ich am Montag, den 4.4.1949, gegen 16.30 Uhr nach Hause kam und am Abend, gegen 21.00 Uhr mit meinem Sohn schlafen gegangen bin. Weitere Angaben kann ich zur Sache nicht machen. Ich habe die Wahrheit gesagt und meine Angaben wurden ohne jeden Druck oder Zwang von mir gemacht.«
Zeugen und Fakten bestätigen Dieter Kopkas Aussagen. Kriminalrat Wittig streicht ihn endgültig von der Liste der Verdächtigen ebenso wie Egon Datt. Alleiniger Ermittlungsansatz bleibt die Spur des Autos. »Ähnlich wie ein umgebauter Pkw in Form eines Lieferwagens« hatte Hedwig Lamprecht ihn beschrieben.

Tatsächlich zeitigt die Spur des Pkws ein Ergebnis. Privatfahrzeuge sind 1949 selten. Aufmerksame Bürger und Amtsakten wissen: Hans-Joachim Zimmermann fährt einen zum Lieferwagen umgebauten Pkw, den er auch beruflich nutzt. Und der junge Herr Zimmermann hat bei Nachbarn den Ruf, den Lebensfreuden nicht abgeneigt zu sein. Als Handelsvertreter schlafe der Hajo häufig außer Haus und lasse seine Frau allein. Mit den Kumpels ziehe er durch die

Kneipen und übers Land. Was die jungen Herren da wohl tun? Nein, Alkohol und Frauen sei der Mann, weiß Gott, nicht abgeneigt. Seine Frau sei zu bedauern. Ob der Hajo am Mordabend daheim gewesen ist, kann man nicht sagen. Ausreichend Verdachtsgründe liegen vor.

Die Polizei, sie handelt schnell und ordnet für Hajo Zimmermann Untersuchungshaft an. Endlich ein Verdächtiger, der den Mord an Christa Ruick begangen haben könnte. Vielleicht gar mehr: Denn ungeklärte Fälle von Übergriffen auf Mädchen und junge Frauen gibt es sachsenweit viele. Hajo Zimmermann arbeitet als Einkäufer für Lebensmittel, kontrolliert Verkaufsstellen und liefert aus. Fast täglich fährt er übers Land, lernt viele Menschen kennen. Er könnte Verbrechen nicht nur in Crimmitschau begangen haben. Mit einem solchen Täter hätten Kriminalrat Wittig und seine Kollegen mehr Fälle als den Mord an Christa Ruick gelöst. Die Ermittler hegen Hoffnungen. Die übergeordneten Stellen wären froh und würden zum Erfolg gern gratulieren. Die Presse schriebe Lobeshymnen auf die Zwickauer Kriminalpolizei und ihren Leiter.

»Zwickau, 6. April 1949,
von der Dienststelle Crimmitschau zugeführt, erscheint der Einkäufer und Filialenkontrolleur der Firma Störel, Glauchau,
Zimmermann, Hans-Joachim,
geb. am 26.10.1924 in Crimmitschau,
wohnh.: Crimmitschau, Badergasse 17,

und gibt, zur Wahrheit gemahnt, auf Befragen folgendes an:
Ich bin das einzige Kind meiner Eltern. Von 1931 bis 1939 besuchte ich die Volksschule in Crimmitschau. Nach meiner Schulentlassung lernte ich bis zu meiner Einberufung zum Arbeitsdienst als Kellner im *Glauchauer Hof* in Glauchau. Gleichzeitig besuchte ich während der Lehrzeit die Berufsschule in Zwickau. Durch eine Krankheit wurde ich wehruntauglich und deshalb im Jahr 1943 vom Arbeitsdienst entlassen. Ungefähr 1 Jahr arbeitete ich nicht. Am 20.8.1944 bin ich, ohne einen Grund zu erfahren, von der Gestapo verhaftet worden. Meine Eltern (betreiben eine Gastwirtschaft und) wurden wegen Verstoßes gegen die Kriegswirtschaftsverordnung anschließend verhaftet, und ich hatte 1 Monat Gefängnis wegen unerlaubten Waffenbesitzes abzusitzen. Nach der Haftentlassung war ich in Berlin im Hotel *Fürstenhof* als Empfangssekretär und Etagenchef bis zum Februar 1945 tätig. Bis Oktober 1946 war ich ohne Arbeitsstätte und begann dann bei der Firma Störel in Glauchau, bei der ich heute noch beschäftigt bin.
Im Augenblick beschränkt sich meine Arbeit in der Hauptsache auf das Kontrollieren der Filialen, da es für unseren Betrieb so gut wie nichts mehr einzukaufen gibt. Da vom Lieferwagen des Betriebes die Reifen vor ungefähr einem viertel Jahr gestohlen wurden, fahre ich z. Zt., also seit einem viertel Jahr, mit zu einem Lieferwagen umgebauten 1,2, Ltr. Opel, der mein Eigentum ist. Beim Befahren der Filialen habe ich in

der Hauptsache in den Städten Lichtenstein, Chemnitz, Lößnitz zu tun. Die Arbeitszeit beträgt wegen Kurzarbeit z. Zt. 2–3 Tage in der Woche.
An welchen Tagen ich in Zwickau oder Leipzig gewesen bin, kann ich heute nicht mehr sagen, es müßte sich aber an Hand der vom Straßenverkehrsamt Crimmitschau ausgestellten Fahrbefehle nachprüfen lassen, denn dort sind meine Fahrten mit meinem Auto alle eingetragen.
Wenn ich einmal über Nacht in Leipzig geblieben bin, so übernachtete ich nicht im Hotel, sondern bei einer gewissen Frau Kaltenbach, Leipzig, Roscherstraße 39(?). Wenn ich in Leipzig gewesen bin, dann war immer mein Freund Hertwig mit mir. Soviel mir bekannt ist, war Hertwig auch einige Male allein in Leipzig. Er hatte sehr große Schwierigkeiten wegen einer Kurbelwelle und fuhr deshalb öfters nach Leipzig.
Ich mache mir ab und zu einen lustigen Abend, d. h. es wird getrunken usw., einmal ein kleiner Seitensprung gemacht, von dem jedoch meine Frau nichts erfahren darf. Wenn wir einmal so einen Seitensprung machen, dann sage ich immer zu meiner Frau, daß ich die Filialen beliefere. Um nun weiter keinen Verdacht bei meiner Frau zu erregen, stelle ich meinen Lieferwagen zur Tarnung in der Autoreparatur Beer in Crimmitschau unter. Den Wagenschlüssel lasse ich ebenfalls bei dieser Firma, während ich die Papiere meistens bei mir trage. Ob nun jemand von der Firma Beer oder jemand anders mit meinem Wagen unterwegs war, weiß ich nicht. Den Kilometerzähler kontrolliere ich höchst

selten. Es ist mir allerdings manchmal aufgefallen, daß ich mit meinem Benzin nicht so weit reichte, als ich hätte reichen müssen. Ich vermutete, daß jemand welches abgelassen hätte, und dachte mir nichts weiter dabei. Einen Verdacht, wer mit meinem Auto gefahren sein könnte oder evtl. Benzin gestohlen hat, kann ich nicht aussprechen.

An den kleinen Seitensprüngen waren beteiligt:

Bäckermeister Lauterbach, Crimmitschau,

Bankangest. Hensel, Heiner, Neukirchen, Brückenstraße,

Landwirt, Hertwig, Oskar, Wilhelm, Schweinsburg-Culten.

Ich habe einmal gehört, daß Lauterbach sexuell etwas komisch veranlagt sei, aber noch nichts dergleichen bei ihm bemerkt.

Am Montag, den 4.4.1949, war ich abends von 20.45 bis 22.30 Uhr mit meiner Frau im Kino. Anschließend war ich noch mit ihr im Restaurant *Zur Wartburg* und trank ein Glas Bier. Nachdem sind wir nach Hause gefahren. Daß ich im Kino gewesen bin, kann der Kinobesitzer Zenker (Weintraube-Lichtspiele), der mich kennt, bestimmt bestätigen, denn er war mit Bilderwechseln in den Schaukästen beschäftigt.

Ich kann mit ruhigem Gewissen versichern, daß ich weder mit den bekannten Überfällen auf Mädchen noch mit dem Mord am 4.4.1949 etwas zu tun habe.

Die von mir gemachten Aussagen entsprechen der Wahrheit. Ich habe nichts hinzuzufügen. Die Richtigkeit des vorstehenden Protokolles bestätige ich durch meine eigenhändige Unterschrift: Hans-Joachim Zimmermann«

Die Darlegungen klingen plausibel. Zimmermann benennt Zeugen, auch wenn ihm die Fehltritte seiner Frau gegenüber peinlich sind. Doch müssen sie bestätigt werden. Noch am selben Tag erfolgt der Ermittlungsbericht: »Auftragsgemäß haben wir eine Überprüfung des Zimmermann, Hans-Joachim in der besagten Angelegenheit durchgeführt.

Wir haben gestern abend eine Wohnungsdurchsuchung vorgenommen, die aber bei den Eltern des Z., sowie bei Z. selbst, erfolglos verlief. Auch in der Garage und in den anderen Räumen der Gastwirtschaft wurden keine Spuren der Tat gefunden.

Nach Befragen der Eltern und der Ehefrau des Z. ist dieser am Montagabend, den 4.4.1949, mit seiner Frau 20.30 Uhr bis 22.30 Uhr im Kino (Weintraube-Lichtspiele Neukirchen bei Crimmitschau) in dem Film *Das goldene Horn* gewesen.« – Eine am 14. März 1949 in den Lichtspieltheatern der Sowjetischen Besatzungszone angelaufene sowjetische Filmproduktion: »Ein junger Biologe versucht widerstandsfähige Bergschafe zu kreuzen: sein Achar-Merino-Schaf übersteht den ärgsten Schneesturm im Hochgebirge von Kasachstan. Mehr als schöne Landschaftsbilder hat der anspruchslose Film allerdings nicht zu bieten«, schreibt rückblickend die spätere Filmkritik. –

Weiter heißt es im Ermittlungsbericht: »Zimmermann ist also in keiner Weise mit dem am Montag in den

späten Abendstunden begangenen Mord im Zöffelpark in Verbindung zu bringen. Auch mit den beiden anderen Überfällen auf Frauen dürfte er kaum in Zusammenhang gestanden haben.
Auf Anordnung des Dienststellenleiters Po.-Komm. Zinn wurde Herr Z. nicht in Haft genommen.« Auf der Heimfahrt nach Crimmitschau wird Hans-Joachim Zimmermann gut überlegen, was er seiner Frau erzählt.

Doch auch die drei anderen Männer – Bäckermeister Lauterbach, der Bankangestellte Heiner Hensel und der Landwirt Oskar Hertwig – werden polizeilich auf Person und Alibi hin überprüft, ziehen sie doch mit Hajo Zimmermann regelmäßig über die Lande und machen sich das Leben mit unbekannten Frauen lustig. Vor allem Bauer Hertwig scheint verdächtig und seine Aussagen einer exakten Kontrolle wert. Denn Hertwigs Vater ist den Genossen bereits unangenehm aufgefallen. Politisch sind die Hertwigs nicht auf Linie. Da ist die exakte Kontrolle von Hertwigs Einlassungen unabdingbar.
»Aus der Polizeihaft vorgeführt erscheint der Landwirt
Hertwig, Oskar, Wilhelm,
geb.: 30.11.1923 in Schweinsburg,
wohnh.: Schweinsburg-Culten Nr. 8,
und gibt folgendes an:
Von 1930–1938 besuchte ich in Neukirchen bei Crimmitschau die Volksschule und wurde aus der 8. Klasse

mit guten Zeugnissen entlassen. Nach meiner Schulentlassung habe ich bei der Firma IG und Lindner in Crimmitschau als Dreher und Schlosser gelernt. Mit beendigter Lehrzeit, ungefähr Anfang 1941, habe ich an der Ingenieurschule in Zwickau/Sa. ein Vorbereitungssemester und im ersten Semester einige Monate absolviert. Ende des Semesters wurden wir als Studenten geschlossen zur Wehrmacht einberufen. Hier befand ich mich von 1941–1945 bei einer Marineeinheit in Holland, im Dienstgrad eines Obergefreiten. Ende Juni 1945 wurde ich dann aus englischer Kriegsgefangenschaft entlassen und begab mich daraufhin kurze Zeit später nach Hause zu meinen Eltern nach Crimmitschau.

Mit meiner Ankunft zu Hause habe ich als selbständiger Landwirt im elterlichen Gut gearbeitet. Hierzu möchte ich sagen, daß ich eine gewisse Veranlassung hatte, den elterlichen Betrieb aufrecht zu erhalten, da mein Vater durch eine politische Angelegenheit in Haft genommen wurde. Damit war mir auch gleichzeitig die Möglichkeit zum Weiterstudieren genommen. So habe ich gemeinsam mit meiner Mutter das Gut verwaltet. In unserem Betrieb sind einschließlich mir und meiner Mutter noch drei weitere Angestellte beschäftigt. Ich kann auch mit Bestimmtheit sagen, daß ich mit der Übernahme des Gutes 1945 den mir gestellten Forderungen wirtschaftlicher Art jederzeit nachgekommen bin. Wenn ich meine Arbeit auf dem Gut erledigt hatte, bin ich mitunter auch von zu Hause weggegangen, entweder zum Tanz ins Gesellschafts-

haus nach Crimmitschau oder ins Kino. Ich bin fast immer allein gegangen und hatte hin und wieder die Bekanntschaft eines Mädchens gemacht. Ein festes Verhältnis habe ich aber bis Februar 1948 nicht gehabt. Dann lernte ich in Zwickau die Emma Daschke kennen, die ich auch beabsichtige zu heiraten. Ich habe auch hier bereits Bekanntschaft mit den Eltern meiner zukünftigen Frau gemacht.
Ich kenne den Herrn Zimmermann schon seit dem Jahre 1947, und zwar lernte ich ihn anläßlich einer Silvesterfeier im Gesellschaftshaus Crimmitschau kennen. Da dieser Einkäufer bei der Fa. Störel in Glauchau ist, bin ich sehr oft mit ihm in die Gegend von Hohenstein-Ernstthal, Chemnitz sowie in die Gegend von Leipzig und Zwickau gefahren. Er fuhr dann jedesmal mit seinem Lieferwagen, und ich war sozusagen Beifahrer von ihm. Wenn wir solche Fahrten unternommen, dann haben wir in den späten Nachmittagsstunden Crimmitschau verlassen und sind um Mitternacht jeweils von den benannten Städten wieder zurückgefahren. Diese Fahrten waren stets geschäftlicher Art, und Zimmermann hatte nach Erledigung seiner Geschäfte auch seine Vergnügen damit verbunden. Ich selbst bin deshalb mitgefahren, um Gelegenheit zu finden, auszugehen.
Soweit ich mich an die unternommenen Fahrten erinnern kann, hatte Zimmermann stets seinen Ledermantel getragen. Mitunter trug er auch einen braunen Sportmantel bezw. einen Fischgrätenmantel. Seine Anzüge, die er trug, waren dunkelblau und grauge-

streift. Außerdem hatte er einen braunen nach italienischer Art gefertigten Hut. Ich selbst trug auch meinen Ledermantel (dunkelbraun) ohne Gürtel, sowie einen kaffeebraungestreiften Anzug und meinen hellgrauen, mausgrau, glatt. Auch ich habe zu diesen Fahrten einen dunkelbraunen Hut getragen.

Auf besonderen Vorhalt:

Wenn mir heute vorgehalten wird, daß ich in den Stunden um Mitternacht Personen weiblichen Geschlechts von hinten angefallen haben soll, um sie dann mit einem harten Gegenstand zu Boden zu schlagen, so weise ich dies ganz entschieden zurück. Ich habe eine derartige Handlung noch niemals durchgeführt. Inwieweit Zimmermann für derartige Handlungen in Frage kommt, kann ich nicht sagen.

In der Nacht vom 4.4. zum 5.4.1949 befand ich mich in der elterlichen Wohnung. Ich bin an diesem Tage überhaupt nicht aus der Wohnung gekommen, d. h. außer Haus. Ich kann hierzu zu jeder Zeit Zeugen erbringen, die dies bestätigen können. Ich habe gestern abend bei meiner Festnahme gehört, daß in Crimmitschau ein Mord verübt wurde, wozu ich keine Aussagen machen kann. Weiteres kann ich zur Sache nicht sagen.

Vermerk:

Es wurden Ermittlungen aufgenommen, ob Hertwig tatsächlich am Abend und in der Nacht des 4.4.49 zu Hause gewesen ist, und zwar bei seinen Eltern, den im Gehöft wohnenden Umsiedlern und in der Nachbarschaft. Seine Angaben, daß er zu Hause gewesen ist, konnten ihm in keiner Weise widerlegt werden. Es

handelt sich in Hertwig um einen kleinen Lebemann, der alles und jede Gelegenheit in bezug auf Frauen ausnutzt, jedoch wird ihm von keiner Seite ein Mord zugetraut.«
Zum Mörder der Christa Ruick führten die Recherchen zum »umgebauten Pkw« nicht. Es ist nur eine weitere von vielen toten Spuren.

Die Ermittlungen bringen keinen Ansatz zur Aufklärung des Mordes. Sechs Wochen später sendet man den vorläufigen Schlussbericht ans Landeskriminalamt Sachsen:
»Am 5.4.1949, gegen 6.20 Uhr, wurde die Näherin Christa Ruick im sogenannten Zöffelpark in Crimmitschau, auf dem großen Parkweg liegend, von dem Gerbereiarbeiter Bittner ermordet aufgefunden.
Beim Eintreffen der Mordkommission waren bereits mehrere Polizisten des Polizeirevieres Crimmitschau sowie der Leiter der Revierkriminalpolizeidienststelle Crimmitschau mit einigen Angestellten am Tatort anwesend, die die Sicherung des Tatorts übernommen hatten. Nach dem Tatbefund dürfte es sich im vorliegenden Falle um einen Sexualmord handeln. Dies wird daraus geschlossen, daß das Opfer mit vollkommen entblößtem Unterkörper aufgefunden wurde. Die Hosen des Mädchens waren, ohne diese zu beschädigen, ausgezogen und lagen etwa 6 m, mit noch anderen Utensilien, unter anderem auch dem Tatwerkzeug, von der Auffindungsstelle der Leiche entfernt. Die Hosen selbst waren vollkommen mit Blut getränkt, des-

gleichen fanden sich Blutwischspuren an den Hosen, woraus geschlossen wird, daß der Täter seine blutigen Hände daran reinigte.
Die Ermittlungen ergaben folgendes:
Die Christa Ruick war das älteste der 6 Kinder des Schuhmachers Hans Ruick. Der Ruick betreibt eine Schuhmacherei in Crimmitschau, Oswald-Anger-Siedlung Nr. 53, wo auch die Ermordete wohnte. Wie festgestellt werden konnte, war das Verhältnis der Ermordeten zu ihren Eltern nicht das beste. Der Vater wird als Egoist bezeichnet, der nur sein eigenes Ich in den Vordergrund stellt. Seine Tochter Christa (Ermordete) wurde von der Familie als Aschenbrödel behandelt, obwohl sie, wie aus den Aussagen der Nachbarn hervorgeht, ein sehr gutes und fleißiges Mädchen war. Auf Grund ihres Leidens (taubstumm) konnte sie nicht alle Vorgänge, die sich um sie herum abspielten, sofort wahrnehmen.
Im Elternhaus nicht verstanden, hielt sie sich oft bei ihrer Tante, Klementine Hobrack, auf, nach deren Aussagen sie auch am Montag, den 4.4.49, gegen 19.30–19.45 Uhr bei ihr in der Wohnung erschien. Gegen 21.45 Uhr verließ sie dieselbe wieder. Um in ihre Wohnung zu gelangen, kann sie entweder die Hainstraße entlang gehen oder auch von dieser nach links abbiegen und den Zöffelpark durchqueren. Obwohl letzterer Weg der kürzere ist, wird nicht angenommen, daß sie diesen ursprünglich benutzen wollte. Ihr Weggehen von ihrer Tante bis zur Tat wird nach den Ermittlungen folgendermaßen rekonstruiert.

Wie bereits erwähnt, verließ die R. am fraglichen Tage gegen 21.45 Uhr die Wohnung ihrer Tante, Klementine Hobrack. Sie ging die Hainstraße entlang, am Sportlerheim vorüber, um in ihre Wohnung zu gelangen. Wie aus den durchaus glaubhaften Angaben des Wirtes vom Sportlerheim hervorgeht, saß dieser gegen 22.00 Uhr mit seiner Frau in der Wohnstube, deren Fenster nach der Hainstraße zu gehen. Kurz vor 22.00 Uhr hörte er das Geräusch eines fahrenden Autos und gleich darauf einen röchelnden Laut, der sich wiederholte. Er verließ seine Wohnung, um nachzusehen, was los sei, konnte aber nichts feststellen. Es wird nun angenommen, daß die R. hier vom Täter gestellt und ihr der Rückweg zur Wohnung von diesem abgeschnitten wurde. In ihrer Angst und Aufregung lief die R. die Hainstraße zurück und bog rechts ab, in Richtung des unweit gelegenen Zöffelparkes. Dort wurde sie vom Täter eingeholt und niedergeschlagen. Nach den beschmutzten Knien der Leiche zu schließen, fiel sie zuerst auf die Knie und dürfte dann weitere Schläge erhalten haben. Nachdem sie nicht mehr in der Lage war, Widerstand zu leisten, hat ihr der Täter die Hände auf dem Rücken zusammengebunden. Hierzu benutzte er gewöhnliche Litze und ein Stück schwarze Stoßborte. Jetzt dürfte der Täter dem Opfer die Hosen abgestreift und dabei schon seine sexuelle Befriedigung gefunden haben, denn lt. Sektionsprotokoll wurde Sperma in und außerhalb der Scheide nicht gefunden. Ein Koitus per anum konnte durch postmortalen Kotaustritt nicht mehr festgestellt werden.

Das Fesseln der Füße muß nach dem Abstreifen der Hosen geschehen sein, und es kann hierfür ebenfalls nur ein sexueller Beweggrund vorliegen. Auch das Legen der Leiche etwa 6 m vom Tatort weg, quer über einen verhältnismäßig oft begangenen Parkweg kann nur sexuelle Hintergründe haben.

Die Tat selbst muß in der Zeit von 22.05 bis 22.20 Uhr begangen worden sein. Daß die Ruick nicht von ihrer Tante aus gleich in den Zöffelpark, sondern erst die Hainstraße entlang gegangen sein muß, wird nicht nur durch die Aussagen des Sportlerheimwirtes, sondern auch durch die des Bittner bewiesen. Durch ein Abschreiten des Weges, in Verbindung mit den Zeitangaben des Bittner, konnte festgestellt werden, daß wenn die Ruick gleich durch den Zöffelpark gegangen wäre, sie mit Bittner in der Nähe des Tatortes hätte zusammentreffen müssen. Da sie aber erst den längeren Weg – nämlich die Hainstraße entlang – benutzte und dann erst zurücklief, kam sie erst am Tatort an, als Bittner bereits vorübergegangen war. Auch die Aussagen des Schmidt decken sich ungefähr mit der Zeit.

Durch einen Aufruf in der Tagespresse für Crimmitschau und Umgebung wurde die Bevölkerung um sachdienliche Hinweise in dieser Mordsache gebeten. Hierauf meldete sich der Schlosser Behnke und gab an, daß ihm der beschriebene Hammer aus seiner Gartenlaube, die sich in der Nähe des Tatortes befindet, abhanden gekommen sei. Dem Behnke wurde daraufhin das Tatwerkzeug vorgelegt. Auf die Frage, ob er in dem

Hammer sein Eigentum erkenne, antwortete er nach längerem Zögern mit ja. Obwohl der Hammer mehrere Merkmale besitzt, die seinem Besitzer ohne weiteres in Erinnerung sein müßten, konnte er sich nur auf die eingehauenen Buchstaben ›FW‹ besinnen. Festgestellt wurde, daß FW Franz Wagner bedeutet. Es handelt sich dabei um eine Firma, die nach dem Kriege demontiert wurde, und dabei sind von fast allen dort beschäftigten Arbeitern solche Hämmer während der Demontage entwendet worden. Solche Hämmer sind also in Crimmitschau ziemlich häufig. Von hier aus wird die Behauptung des B., daß der Hammer sein Eigentum sei, jedenfalls stark angezweifelt. Es ist wohl auch kaum anzunehmen, daß der Täter, das Opfer vor sich, erst die Gartenlauben nach einem Hammer absuchte, noch dazu die Ermordete auch Stiche an dem Kopfe aufwies, also ein Hammer gar nicht unbedingt nötig gewesen wäre.
Im Zuge der Ermittlungen lenkte sich der Verdacht unter anderem auf Zimmermann und Hertwig. Beide wurden vorläufig festgenommen. Es stellte sich aber heraus, daß sie zwar Frauen gegenüber etwas robust auftreten, für die Tat aber nicht in Frage kommen.
Durch eine Zeugenaussage wurde die Aufmerksamkeit auch auf einen Egon Datt gelenkt, der am fraglichen Tage und zur Tatzeit im Zöffelpark gewesen ist. In diesem Datt handelt es sich um einen vollkommenen Idioten. Eine protokollarische Vernehmung war bei ihm überhaupt nicht möglich. Nach genauester Überprüfung aller Momente mußte auch dieser, des-

gleichen seine ebenfalls geistesgestörte Freundin, die Kunze, als Täter respektive Mitwisserin ausscheiden.
Auf Grund der Feststellung, die bereits am Tatort getroffen wurde, nämlich daß die Ermordete im vorigen Jahre ein Verhältnis mit einem ebenfalls Taubstummen Kopka hatte, wurde fernmündlich die Festnahme desselben veranlaßt. Die Überprüfung desselben ergab, wie uns auch von den Eltern der Ermordeten und ihrer ebenfalls taubstummen Freundin Heiderose Lindner bestätigt wurde, daß Kopka zwar ein Verhältnis mit der R. hatte, welches aber bereits im Oktober vergangenen Jahres gelöst wurde. K. machte einen durchaus ordentlichen und anständigen Eindruck. Für die Tatzeit selbst konnte er sein Alibi nachweisen.
Die Nachprüfungen der Verbrecherkarteien in Zwickau und Crimmitschau verliefen ebenfalls im negativen Sinne. Weitere Hinweise aus der Bevölkerung wurden eingehend geprüft, werden aber wegen Unwichtigkeit nicht der Akte beigefügt.
In der bei der Sektion der Leiche entfernten Fesselung der Hände wurden einige Haare verknotet gesichert, die mit einer Haarprobe von der Ermordeten dem Chemischen Laboratorium Dr. Wolf in Zwickau zur Untersuchung übergeben wurden. Dabei wurde festgestellt, daß die fünf, in der Fesselung gefundenen, Haare von zwei verschiedenen Menschen stammen, also mit größter Wahrscheinlichkeit Haare vom Täter. Wenn sich auch mit dieser Feststellung zur Zeit noch nicht viel anstellen läßt, so dürfte dies dennoch von Wichtigkeit sein.

Trotz Ausschöpfung aller Möglichkeiten sind die Ermittlungen zur Zeit an einen toten Punkt angelangt. Der Vorgang wird deshalb vorläufig abgeschlossen. Beim Auftauchen neuer, erfolgversprechender Momente wird nachberichtet.«
Kriminalrat Wittig schließt die Akte – der Mord an Christa Ruick im Zöffelpark bleibt ungeklärt.

Crimmitschaus grüne Lunge präsentiert sich wieder in natürlichem, gesunden Grün, als Ort der Naherholung vor der Haustür und Platz für sportliche Aktivitäten. »Rund 100 Starter beteiligten sich am Kids-Bike Cup im Crimmitschauer Zöffelpark. Bei strahlendem Sonnenschein traten die Teilnehmer auf dem anspruchvollen Parcours kräftig in die Pedale. Mit dem Zöffelpark und dessen sanfter Hügellandschaft bietet die Stadt gute Bedingungen für Mountainbikerennen.« Schulklassen nutzen ihn zum Wandertag, Lehrer berichten: »Das Wetter war an diesem Maitag sehr schön, ideal zum Wandern und Spielen im Zöffelpark. Man glaubt gar nicht, wie gut sich die Schüler der beiden 5. Klassen im Wald beschäftigen konnten, sogar ohne multimediale Geräte.« Der Zöffelpark – Crimmitschaus grünes Herz der Gegenwart und der Stadtgeschichte.

Notruf! Plauen, Jößnitzer Straße 119

Plauen, 1959

»Wir sind Analphabeten, wenn es um Gefühle geht.
Und das ist eine traurige Tatsache,
nicht nur, was dich und mich betrifft,
sondern praktisch alle Menschen sind es.
Wir lernen alles über den Ackerbau in Rhodesien
und den Körper
und die Wurzel aus Pi oder wie das heißt,
aber kein Wort über die Seele.«

Ingmar Bergman: *Szenen einer Ehe*

Der Notruf erreicht die Polizei am Pfingstmontag, den 18. Mai 1959, 20.40 Uhr: »Durch die Abteilung Feuerwehr ist soeben eine Leuchtgasvergiftung gemeldet worden. Wie bisher bekannt wurde, wollte sich dort eine Frau mit zwei Kindern vergiften. Der Unfallwagen ist bereits nach dort ausgerückt. Es wird gebeten, die Ermittlungen aufzunehmen.« Die Polizei handelt. »Unmittelbar nach Erhalt der Mitteilung begibt sich Unterzeichneter an den Tatort in Plauen, Jößnitzer Straße 119, in die Wohnung der II. Etage links, bei Petraschewski. Hier werden zwei Angehörige der Abteilung Feuerwehr angetroffen, welche angeben, daß eine Leuchtgasvergiftung vorliegt, von der eine Frau und deren zwei Kinder betroffen wurden«, notiert Kriminalmeister Anatol Braun.

»Ich drehe den Gashahn auf!« war nicht nur eine Drohung, es war eine der am häufigsten gewählten Methoden des Suizids. Bis zu 20 Prozent der Selbsttötungen in Deutschland wurden mit Gas verübt, als dieses noch gebräuchlich war, denn es war leicht erreichbar, (fast) jeder Stadthaushalt war ans Gasnetz angeschlossen. Und der Tod durch eine Gasvergiftung galt als (vergleichsweise) sanftes Hinübergleiten ohne Schmerzen. Stadt- oder Leuchtgas war der Name für den seit der Mitte des 19. Jahrhunderts weitverbreiteten gasförmigen Brennstoff, der zumeist in städtischer Verantwortung durch Kohlevergasung hergestellt wurde. Er wurde zur Beleuchtung der Straßen sowie als Lichtquelle in Wohnungen genutzt. Mit Stadtgas wurden ehedem in Privathaushalten vor allem Küchenherde betrieben, aber auch Durchlauferhitzer zur Raumluft- und Wassererwärmung. Gas war bis zur Mitte des 20. Jahrhunderts gelebter Alltag. Es setzt sich hauptsächlich zusammen aus Wasserstoff, Methan, Stickstoff und Kohlenmonoxid und birgt tödliche Gefahren, deshalb konnten Krimis das Thema nicht aussparen, unter anderem Ronald A. Knox: *Die drei Gashähne* (1927), Friedrich Glauser: *Die Fieberkurve* (1938), Ulrich Völkel: *Der vierte Schlüssel* (1988), später wird Gas dann in historischen Kriminalromanen zum Todesbringer, unter anderem Ann Granger: *Mord wirft lange Schatten* (2000), Robert Baur: *Mord in Metropolis* (2014), Horst Bosetzky: *Auf leisen Sohlen* (2017). Ein Klassiker der Kriminaldramatik macht *Gaslicht* gar zu seinem Titel. Die schwankende

Lichtintensität im Kronleuchter führt den Detektiv auf die Spur eines brutalen Gattenmörders. Patrick Hamiltons Theaterreißer von 1938 wurde mehrmals als Psycho-Schocker verfilmt, unter anderem von George Cukor als *Das Haus der Lady Alquist* (1944) mit Ingrid Bergmann als Heldin am Rande des Nervenzusammenbruchs, die der skrupellose Ehemann, gespielt von Charles Boyer, in den Wahnsinn und Selbstmord treiben will.

Die einschlafend tödliche Wirkung des Kohlenmonoxids ließ das Stadtgas also zu einer der bevorzugten Methoden für Selbstmord werden: »Ich drehe den Gashahn auf!« wurde zur Redewendung und zum Faktum. Gerichtsmediziner zählten im Jahr 1925 in New York 388 Suizide mit Gas, dazu drei Morde und 618 unbeabsichtigte Tode. Die explosive Wirkung des Gasgemisches zog oft Unbeteiligte in Mitleidenschaft. So galt der Selbstmord mit Gas als Suizidart mit »sanfter« Wirkung, aber auch als problematisch, wenn das Gas ungehindert in Wohnungen und Häusern ausströmte. Ein Funke kann zur Explosion führen, die oft Menschenleben forderte. Im »Stillen Portier« hing früher in jedem Hausflur auf rotumrandetem Zettel die Notrufnummer und der unterstrichene Hinweis: »Bei Gasgeruch muß Hilfe her!«

Wie auch immer ausgeführt, bis heute ist Selbstmord ein Tabu. »Er ist acht Jahre alt, als sich seine Mutter von ihm verabschiedet. Sie sitzen auf der Couch und schauen fern. Irgendwann, es ist noch gar nicht

so spät, steht seine Mutter auf und verschwindet im Bad. Als sie zurückkommt, sagt sie, sie lege sich jetzt schlafen. Er dürfe aber gerne noch fernsehen, solange er wolle. Sie geht ohne Kuss und ohne Umarmung. Vielleicht ahnt der Sohn, was gleich passiert und er sich in seinen schlimmsten Träumen ausgemalt hat.«
Komiker-Star Hape Kerkeling offenbart erst als Mann mit fünfzig das Trauma, das ihn als Kind prägte: Seine Mutter wählte den Freitod.
Das selbst herbeigeführte Lebensende ist eine plötzliche und endgültige Zäsur, die alle Mitglieder der Familie, Freunde und Bekannte in den Abgrund der Selbstvorwürfe reißt: Was hätte man tun können, merken müssen, helfen sollen? »Im Allgemeinen bildet die vorsätzliche Selbsttötung das Ende eines prozesshaften Geschehens, dem entweder durchaus deutbare Ankündigungssignale oder sogar gescheiterte Suizidversuche vorausgehen. Seltener sind sie das Ergebnis spontaner, kurzschlusshafter Entscheidungen ohne erkennbare Dispositionen. Nicht mehr verkraftbare Lebenssituationen, als unerträglich empfundener Leidensdruck oder unüberwindbare Widersprüche zwischen Anspruchsniveau und Lebensrealität sind die mobilisierenden Elemente für die Motivbildung.«
Der Selbstmord lässt die Hinterbliebenen mit Fragen zurück, auf die sie kaum befriedigende Antworten finden können. Meist bleiben lebenslange Zweifel und ein Gefühl der Schuld und des Versagens.

Plauen, Jößnitzer Straße 119 – ein Mehrfamilienhaus der Gründerzeit, zentrumsnah, vier Stockwerke mit ausgebautem Dachgeschoss. Heute wird das Parterre als Gewerbe vermietet an eine Physiotherapie-Praxis und eine Kanzlei. Am letzten Abend des Pfingstfestes 1959 wurde über einen Notruf die Feuerwehr und ein Rettungswagen alarmiert. Fräulein Fromsdorf, die mit den Petraschewskis Tür an Tür wohnte, besaß einen Telefonanschluss, so waren Retter und Ermittler schnell vor Ort, um zu helfen und den Suizid auf seine Umstände hin zu untersuchen. Die Polizei befragte zunächst die Zeugen und notierte die Aussage der Nachbarin Gudrun Fromsdorf. Sie hatte als Erste den Verdacht geschöpft, dass bei den Nachbarn etwas im Argen liegt, und telefonierte nach dringender medizinischer Hilfe. Sie gibt ihre Wahrnehmungen vom Geschehen zu Protokoll, die dem Abend des tragischen Geschehens vorausgegangen waren:

»Vernehmung eines Zeugen
Plauen, 19.5.1959
Abtl. K, Komm. 1 La.
z. Zt. Hradschin 13

Vernehmender:	Kmstr. Anatol Braun
Familienname:	Fromsdorf
Vornamen:	Gudrun, Charlotte
geb.:	12.5.1910 in Plauen
Beruf:	Directrice
wohnhaft:	Jößnitzer Str. 119

Zur Sache: Ich wohne seit dem Jahre 1915 in dem Haus

der Jößnitzer Straße 119 und kann mich noch gut erinnern, als die Familie Petraschewski vor ca. 3 Jahren in das Haus, und zwar in die Wohnung neben meiner zog. Sie brachten damals einen Sohn mit, der jetzt ca. 5 Jahre alt ist. Den zweiten Sohn bekam die Frau, als sie schon bei uns wohnten. Ich kann nicht sagen, wie lange Petraschewskis verheiratet sind, ich weiß aber, daß der Herr P. schon einmal in Bergen verheiratet war.
Seit ca. 1 Jahr geht die Ehe nicht mehr besonders gut. Ich bemerkte dies daran, weil es immer einmal zu Auseinandersetzungen gekommen ist, was ich in meiner angrenzenden Wohnung sehr gut hören konnte. Ich verstand zwar nicht, weshalb es immer einmal Zank gegeben hatte, aber man konnte deutlich vernehmen, daß der Herr Petraschewski schimpfte. Die Frau gab ihm meistens keine Widerrede, denn sie sagte einmal zu mir, daß sie lieber ruhig ist, da sei ihr Mann eher wieder beruhigt. Sonst kenne ich seinen Charakter nicht. Ich möchte eigentlich sagen, daß er ganz angenehm ist, wenn er sich mit einem unterhält.
Vor ca. 1 Jahr wurde der Herr Petraschewski seiner Frau gegenüber auch einmal tätlich. Die Frau kam in der Nacht im Nachthemd zu mir und klingelte. Ich sah, daß sie im Gesicht blutete und auch am Nachthemd war Blut. Sie erzählte mir damals, daß sie wegen der Kinder Schläge bekommen hätte, da sie durch irgendwelche Umstände aufgewacht wären und geschrien hätten. Die Frau Petraschewski wollte sich damals auch scheiden lassen und war schon bei einem Rechtsanwalt, sie wurde aber nicht geschieden.

Später sah ich sie dann nochmals mit einem blauen Auge, und als ich sie fragte, was sie gemacht habe, sagte sie mir, daß sie wieder von ihrem Mann geschlagen worden sei.
Am gestrigen Tage ging ich gegen 18.00 Uhr an die Tür zu Petraschewskis, weil ich der Frau meinen Wohnungsschlüssel geben wollte. Ich habe seit einigen Tagen die Maler in meiner Wohnung, und weil ich berufstätig bin, sollte die Frau Petraschewski die Maler am folgenden Tag in meine Wohnung lassen, damit sie weiterarbeiten können. Es öffnete mir der Herr Petraschewski und sagte: ›Bitte kommen Sie herein.‹ Er war also sehr freundlich zu mir. Wie ich in die Küche trat, saß die Frau Petraschewski auf dem Couch und war meiner Meinung nach gerade aufgestanden, was man noch am Couch sehen konnte. Auf meine Frage, was mit ihr sei, sagte sie auch, daß sie schon den ganzen Tag lag, weil es ihr nicht gut ist. Die Frau begann dann, ihre Kinder zu baden, da sie wegen ihres Zustandes den 1. Feiertag nicht dazu gekommen war. Nachdem sie den Kleinen der Söhne gebadet hatte, setzte sie den Großen hinein. Der Herr Petraschewski begann mit einem Male, obwohl er zuvor mit dem Kleinen Spaß machte, zu murren und wollte etwas zu essen haben. Damit die Frau etwas schneller fertig wird, machte ich mich darüber, den Großen zu baden, aber der Mann schimpfte weiter. Er schimpfte, daß sie ihm die ganzen Feiertage wegen ihrer Krankheit verdorben hätte und sie hätte ihm erst etwas zu essen geben sollen, bevor sie den Großen fertig macht. Mit einem Male sagte er,

daß eben dann essen gehen muß. Er zog sich an, betrat aber nicht mehr die Küche und ging weg. Die Frau Petraschewski weinte und sagte, daß sie vollständig fertig ist. Sie brachte weiter zum Ausdruck, daß sie mit den Nerven vollständig fertig ist und mit den Kindern schlafen geht. Ferner sagte sie dann noch, daß sie den Gashahn aufdreht und die Kinder mitnimmt. Ich sagte zu ihr, daß sie das nicht machen soll, da es auch wieder vorbei geht und sie nur jetzt einmal mit ihren Nerven runter ist. Sie sagte dann, daß sie gar nicht mehr denken kann und begab sich in die Schlafstube zu dem Kleinen, den sie abdrückte, wobei sie bitterlich weinte. Der Große saß während dieser Zeit in der Küche beim Essen. Ich streichelte die Frau Petraschewski und versuchte, sie so zu beruhigen. Sie holte sich dann den Kleinen wieder in die Küche zurück.«

Zum Obermieter, Johann Schriever, dritte Etage, eilte Gudrun Fromsdorf etwas später am Abend die Stufen hoch, als sie Zweifel und eine düstere Vorahnung beschlichen. Frau Petraschewski hatte auf ihr Klingeln und Klopfen nicht geöffnet. Hoffentlich bestätigten sich ihre Ahnungen nicht, hoffentlich hatte die Mutter den Kindern und sich selbst nichts angetan. Johann Schriever musste helfen, wer, wenn nicht er? Er hatte Kraft, war handwerklich geschult, erledigte statt der Hausverwaltung kleine Reparaturen für die Mieter, und er besaß sicherlich das notwendige Werkzeug, für ihn dürfte die geschlossene Tür der Petraschewskis kein Hindernis darstellen. Fräulein Fromsdorf,

Directrice, mahnte zu Eile und verwies auf eine Sache von Leben und Tod und die zwei Kinder und den Gashahn, mit dessen die Öffnung die Petraschewski gedroht hatte. Fräulein Fromsdorf nahm die Drohungen sehr ernst. Und der Vater und Gatte war nirgendwo zu sehen, aß in einer Kneipe, trank wahrscheinlich. Keine Frage: Johann Schriever half.

»Vernehmung eines Zeugen
Plauen, 19.5.1959
Abtl. K, Komm. 1 La.
z. Zt. Jößnitzer Str. 119

Vernehmender:	Anatol Braun
Familienname:	Schriever
Vornamen:	Johann, Emil
geb.:	21.2.1891 in Mährisch-Chrostau
Beruf:	Rentner
wohnhaft:	Jößnitzer Str. 119

Zur Sache: Ich wohne seit dem Jahre 1937 in dem Haus der Jößnitzer Straße 119 und kenne deshalb auch die Familie Petraschewski seit dem Tag, als sie in das Haus und in die Wohnung der II. Etage links zogen. Der Herr Petraschewski hatte damals wohl meines Wissens bereits das Friseurgeschäft auf der Wilhelm-Pieck-Str., welches er auch heute noch betreibt. Seine Frau ist um einige Jahre jünger als er, sie war aber nie bei ihm im Geschäft tätig. Soviel ich weiß, soll sie während des Krieges und wohl auch noch einige Jahre danach Schwester gewesen sein. Sie war wohl auch mal ein Stück beim Dr. Ruprecht. Als die beiden geheiratet

haben, war bereits der jetzt im 5. Lebensjahr stehende Sohn von ihnen unterwegs. Aus der Ehe ist dann noch ein Sohn hervorgegangen, der im Oktober 1958 ein Jahr alt war. Der Herr Petraschewski war schon einmal verheiratet, und zwar in Bergen. Diese Frau hatte er auch geschlagen, wie man erzählt, aber diese hat sich nicht viel gefallen lassen und auch wieder einmal zurückgeschlagen. Der Herr Petraschewski ist ein robuster Mensch nach dessen Kopf alles gehen muß.
Seine Frau ist eigentlich nicht so wie er, hat aber einen Reinmachfimmel, wenn man so sagen soll, denn sie ist übersauber. Wenn ihr Mann einmal vom Geschäft kommt, ist er darüber nicht immer erfreut, und dies sind öfter die Anlässe zu Auseinandersetzungen.
Es kam neben den Streitigkeiten auch schon zu Tätlichkeiten, wo der Herr Petraschewski seine Frau geschlagen hatte. Ich kann mich noch eines Falles erinnern, es mögen 2 Jahre her sein, als die Frau Petraschewski einmal nachts zu uns gekommen ist und im Gesicht blutete. Damals lebte meine Frau noch. Wir haben ihr dann bei uns in der Wohnung das Blut gestillt und sie sich waschen lassen, weil sie im Gesicht mit Blut verschmiert war. Damals hatte sie uns auch erzählt, daß sie ihr Mann geschlagen hatte, und zwar wegen des Jungens, der heute 5 Jahre alt ist.
Im vergangenen Jahr bin ich ihr dann wieder einmal im Haus begegnet und erkannte, daß sie ein blaues Auge hatte. Ich fragte sie aber nicht, was geschehen war, war aber keiner anderen Meinung, als daß sie wieder von ihrem Mann geschlagen worden war.«

Gudrun Fromsdorf: »Da ich ahnte, was sie vorhatte, hatte ich zu ihr gesagt, daß ich sie dann nicht allein lasse, bis ihr Mann zurückgekommen ist. Da ich aber auch noch nichts gegessen hatte, begab ich mich noch einmal aus der Wohnung der Frau Petraschewski, um mir etwas zu essen zu holen. Ich ging bei mir in die Küche, und als ich nochmals meinen Vorsaal betrat, hörte ich, wie die Frau Petraschewski ihre Vorsaaltür zuschließt. Ich begab mich sofort wieder an ihre Tür und horchte, aber ich konnte keinen Laut vernehmen. Licht war weder im Vorsaal noch in einem der anderen Zimmer der Wohnung zu sehen. Da ich nun die Gewißheit hatte, daß die Frau Petraschewski den Gashahn aufdrehen wird, ging ich in eine Etage höher zu Herrn Schriever, dem ich sagte, daß die Frau Petraschewski den Gashahn aufdrehen will.«
Johann Schriever: »Am gestrigen Abend muß es bei Petraschewskis wieder zu einer Auseinandersetzung gekommen sein, aber davon habe ich nichts gehört. Es war so in der neunten Stunde, als die neben Petraschewskis wohnende Frau Fromsdorf gekommen war und bei mir klingelte. Als ich die Tür geöffnet hatte, sagte sie mir, daß sich die Frau Petraschewski mit Gas vergiften will und ich soll doch einmal mit nach unten kommen. Sie erzählte mir schnell noch, daß sie mit bei der Frau Petraschewski in der Wohnung gewesen war und sie dieses zu ihr geäußert hatte. Die Frau Fromsdorf wollte sich dann nur noch etwas aus ihrer Wohnung holen und diesen Moment nützte sie aus und schloß die Vorsaaltür zu. Als Frau Fromsdorf

dann wieder zur Frau Petraschewski gehen wollte, ließ sie diese nicht mehr in ihre Wohnung. Ich habe mir nun ein wenig Werkzeug genommen und bin mit nach unten gegangen.
Ich versuchte erst, mit einem Dietrich aufzusperren, aber ich mußte feststellen, daß der Schlüssel innen steckte, so daß ich sie nicht aufschließen konnte. Durch mein Probieren ist er dann aber doch innen heruntergefallen, da die Frau Petraschewski aber zugesperrt hatte, konnte ich mit dem Dietrich nicht aufschließen. Ich drückte deshalb die Tür oben nach innen und klemmte ein Stück Holz hinein, so daß der Spalt blieb. Dann gelang es mir, den Riegel zu öffnen, und das gleiche tat ich auch am unteren Teil der Tür, wo ich auch den Riegel öffnete, dann die Küchentür. Als ich in der Küche das Licht anknipsen wollte, mußte ich feststellen, daß dort keines brannte. Da aber durch das Vorsaallicht Licht in die Küche drang, konnte ich auch so in diese gehen.«
Gudrun Fromsdorf: »Von dem Zeitpunkt an, als ich das Zusperren hörte, bis zu der Zeit, als es dem Herrn Schriever gelang, die Tür aufzumachen, können 20 Minuten verstrichen sein. Hinter dem Herrn Schriever habe auch ich die Küche mit betreten, in der kein Licht brannte, und wir nur im Scheine des Lichts vom Vorsaal her sehen konnten. Ich rannte mit dem Herrn Schriever sofort an den Gaskocher, da es stark nach Gas roch und auch das Gas rauschte. Ich drehte unten einen Kocherhahn zu, und zwar den rechten. Was der Schriever zudrehte, kann ich nicht sagen. Ich weiß auch nicht,

ob auf dem Kocher etwas stand. Der Herr Schriever machte die Balkontür auf, und ich begab mich sofort an den Couch, in dessen Ecke die Frau Petraschewski lehnte. Sie hatte den Kleinen in den Armen. Der Große lag daneben auf dem Couch. Es rührte sich niemand, und auch als ich der Frau die Arme auseinandernahm, reagierte sie nicht darauf. Der Kleine schaute mich in dem Moment auch nur an. Ich nahm das Kind und trug es mit in meine Wohnung, und weil der Herr Schriever mich bat, die Feuerwehr zu rufen, tat ich das gleich von meiner Wohnung aus, in der ich ein Telefon habe. Nach kurzer Zeit kam der Herr Schriever zu mir und sagte, daß die Frau Petraschewski nach ihrem Kind fragte, und so brachte ich es ihr. Zu dieser Zeit aber war bereits die Feuerwehr da. Die Frau Petraschewski sagte nichts weiter als: ›Jens!‹«

Johann Schriever: »Ich begab mich zuerst an den Gaskocher und mußte dort feststellen, daß der Hahn an der Wand ganz geöffnet war und daß das Gas ausströmte. Der Schlauch zum Kocher war abgezogen und hing herunter. In der Küche war ein ziemlicher Gasgeruch. Ich eilte anschließend an die Balkontür und öffnete sie weit. Dann begab ich mich in die Stube, wo ich das Fenster ebenfalls ganz aufmachte, um Durchzug zu bekommen. Als ich dann wieder in die Küche kam, sahen mich die Kinder an. Sie sprachen aber nicht, und meiner Meinung nach müssen sie müde gewesen sein und waren vielleicht gerade beim Einschlafen, als ich in die Küche kam. Dies kann natürlich auch vom Gas gewesen sein, denn meiner Mei-

nung nach strömte dieses ca. 10–15 Minuten aus, bevor ich es abdrehen konnte.
Nach ca. 3 Minuten schaute auch die Frau Petraschewski zu mir auf, welche mit den Kindern auf der Couch lag. Sie lag lang da, hatte den kleinen Jungen im Arm, und der größere lag ungefähr in der Mitte der Couch an der Mutter.
Die Frau Petraschewski sagte zu mir: ›Warum haben Sie denn aufgemacht? Hätten Sie mich doch liegen lassen.‹
Sie hatte ferner noch gesagt, daß wir sagen sollen, es wäre ein Unfall gewesen, wenn jemand danach fragt. Sie wollte es deshalb haben, weil es angeblich dem Geschäft schädigen soll.
Bevor die Feuerwehr gekommen ist, sie hatte die Frau Fromsdorf angerufen, muß die Frau Petraschewski einen Topf auf den Gaskocher gestellt haben, um einen Unfall vorzutäuschen, denn als ich in die Küche gekommen war, stand nichts auf dem Kocher.
Auf dem Tisch oder sonstigen Möbelstücken in der Küche habe ich keinen Brief gefunden, den sie vielleicht noch geschrieben haben könnte«, sagt Johann Schriever und kann »weitere Angaben zur Sache nicht machen«.
Gudrun Fromsdorf: »Später, nachdem alle Personen wieder weg waren, kam die Frau Petraschewski zu mir und sagte, daß sie sich in ihrer Wohnung fürchtet. Ich bettete sie deshalb in meiner Küche auf das Sofa, und da erzählte sie, daß sie nicht weiß, wie es weitergehen soll. Sie fragte mich dann auch, wie ich zu ihr in die Woh-

nung gekommen bin, da sie doch zugesperrt hatte. Ich habe es ihr dann auch geschildert, wie es alles war. Gegen 23.45 Uhr wurde sie dann so müde, daß sie schlafen wollte, weshalb ich sie in ihrer Wohnung ins Bett bettete. Wann ihr Mann nach Hause gekommen war, weiß ich nicht. Es muß nur in der dritten Stunde gewesen sein, als ich ihn einmal auf das Klosett gehen hörte.« Mehr kann Gudrun Fromsdorf der Polizei nicht sagen.

Kriminalmeister Anatol Braun notierte im »Tatortbefundbericht:

Unmittelbar nach Erhalt der Mitteilung der Feuerwehr begibt sich Unterzeichneter an den Tatort in Plauen, Jößnitzer Straße 119, in die Wohnung der II. Etage links. Hier werden zwei Angehörige der Abteilung Feuerwehr angetroffen, welche angeben, daß eine Leuchtgasvergiftung vorliegt, von der eine Frau und deren zwei Kinder betroffen wurden. Es wurde der Pulmotor (Notfallbeatmungsgerät) nur kurze Zeit angewandt, da die Vergiftung leichterer Art gewesen ist. Als eigentlicher Tatort kommt die Küche in Frage, welche eine Größe von 5 x 3 m hat. Sie ist vom Vorsaal aus betretbar. An der Wand rechts neben der Tür befindet sich eine Gosse mit einem Wasserhahn, unter der eine Schüssel und ein Eimer stehen.

An der rechten Wand steht ein Herd, auf dem verschiedene Töpfe stehen, und daneben ein Gestell mit einem 2flammigen Gaskocher. Der Rohrhahn ist geschlossen und am Kocher der linke Hahn geöffnet. Auf der linken Brennstelle steht ein Topf mit einem

Fassungsvermögen von 3 l, der fast mit Wasser gefüllt ist. Die rechte Brennstelle ist mit einem Abdeckblech verdeckt. An dieser Wand stehen ferner ein Küchenschrank und ein Putzschrank.
In der Wand gegenüber der Tür befindet sich eine Balkontür, welche weit geöffnet ist. Ferner befindet sich noch eine Tür zu einem Speisegewölbe. Zwischen diesen beiden Türen an der Wand steht ein Kinderstuhl.
An der linken Wand stehen ein Stuhl, ein Aufwaschtisch und ein Couch, auf der die Wohnungsinhaberin mit einem kleinen Kind liegt. In der Mitte des Raumes steht ein Tisch mit 2 Stühlen. Die darüber befindliche Lampe brennt nicht.
Es ist kein Gasgeruch zu vernehmen.
Ein zufällig vorbeikommender Arzt der Poliklinik beschaut sich die beiden Personen und ist der Meinung, daß es nicht nötig ist, sie ins Krankenhaus zu bringen.«

Mehrmals ist das Thema »Erweiterter Suizid mit Kindern« künstlerisch in diversen Kriminalromanen behandelt worden, auch in Folgen der Serien »Polizeiruf 110« und »Tatort«. Eine der beeindruckendsten drehte 1985 Hans-Werner Honert: »Traum des Vergessens«: Im Fall löst eine hintergangene Mutter die Katastrophe aus, in dem sie vor ihrer kleinen Tochter den unbedachten Satz »So lassen sich alle Probleme lösen« ausspricht und dabei den Gashahn öffnet. Der Stoff des erweiterten Suizids bleibt im »Polizeiruf« weiterhin präsent: Anlässlich der TV-Premiere der Folge »Familiensache« (2014) gab ein Psychologe Auskunft:

»F: Immer wieder kommt es vor, dass ein Elternteil sich und seine Kinder umbringt oder sogar die ganze Familie auslöscht. Wie verzweifelt muss ein Mensch sein, um so etwas zu tun?

A: Die Erklärungen für Männer und Frauen für diese sogenannten erweiterten Suizide unterscheiden sich. Wenn Mütter mit kleinen Kindern so etwas tun, sind sie meist tief depressiv und hoffnungslos. Sie haben dann zum Beispiel das Gefühl, die Welt gehe bald unter, wir würden alle bald verhungern. Als einziger Ausweg erscheint ihnen der Suizid.

F: Aber warum nehmen sie ihre Kinder mit in den Tod?

A: Das kann etwa bei Wochenbettdepressionen auftreten. Die Mütter erleben ihre sehr kleinen Kinder noch als Teil von sich, ihres Körpers. Sie sagen sich: ›Ich kann dieses Kind nicht alleine lassen, da es sowieso bald untergehen wird.‹ Es hat etwas Pseudo-Altruistisches an sich.

F: Erst kürzlich hat eine Mutter ihre elfjährige Tochter umgebracht. Die müsste sich schon etwas von der Mutter gelöst haben.

A: Trotzdem sehen solche Mütter die Kinder als Teil ihres eigenen Schicksals. Oft steckt in diesen Fällen eine schwere Erkrankung dahinter oder eine finanzielle Situation, die sie als aussichtslos einschätzen.

F: Sind diese erweiterten Suizide geplante Taten oder spontane Handlungen?

A: Beides. Bei den Männern mit Wahnvorstellungen ist eine solche Tat das Ende einer längerfristigen

Entwicklung. Bei den anderen Fällen, etwa wenn ein ohnehin depressiver Mensch die Kündigung erhält, wird der Entschluss häufig sehr spontan getroffen.

F: Angehörige und Nachbarn fragen sich immer: Hätte ich etwas ahnen können?

A: Diese Entwicklungen laufen meistens im Verborgenen ab, und solche Taten sind auch für enge Familienmitglieder schwer vorhersehbar. Allerdings sollten Außenstehende gerade in Fällen, wo hoffnungslose, depressive Menschen mit kleinen Kindern zusammenleben, sehr wachsam sein und Hilfe holen. Auch als Nachbar kann ich so jemanden ansprechen, ihm Hilfe anbieten oder sogar die Polizei rufen, wenn man lange nichts von der Person gesehen oder gehört hat.

F: Jemand, der Kinder hat, kann nicht nachvollziehen, dass es jemand fertigbringt, seine eigenen Kinder zu töten.

A: Das geht nur dann, wenn man der festen Überzeugung ist, auch wenn diese krankhaft gefärbt ist, dass es keinen Ausweg gibt und es auch für die Kinder die beste Lösung ist.

F: Viele solcher Familiendramen ereigneten sich zur Ferienzeit oder während Feiertagen. Ist das Zufall oder steigen die Fälle während der gemeinsamen Familienzeit?

A: Natürlich können in den Ferien Krisen eher entstehen, weil man als Familie intensiver zusammen ist. Aber ob man einen Zusammenhang mit einer Jahreszeit herstellen kann, ist generell in der Suizidforschung sehr umstritten. Das Datenmaterial zu dem Thema erweiterter Suizid ist wissenschaftlich unbefriedigend. Es gibt kaum Untersuchungen. Man geht davon aus, dass ein bis vier Prozent der weltweiten Selbsttötungsfälle Mitnahme-Suizide (Suizidhandlung, bei der ein oder mehrere Opfer mit in den Tod gezogen werden) sind. Aber ich glaube nicht, dass es generell mehr werden. Die Berichterstattung darüber steigt allerdings an.

F: Ist das falsch?

A: Die Medien müssen schon vorsichtig sein. Und man muss in den Berichten immer klarmachen, dass die allermeisten suizidalen Handlungen nach Schicksalsschlägen oder infolge schwerer psychischer Erkrankungen erfolgen. Und dass suizidale Menschen Hilfe brauchen, um am und im Leben, auch mit der Familie, bleiben zu können. In diesen Situationen ist die Wahrnehmung der Betroffenen massiv ins Negative und Hoffnungslose verschoben. Aber kein Mensch bringt sich gerne um. Suizidprävention und Schutz vor der eigenen Selbstzerstörung muss bei der Berichterstattung im Vordergrund stehen.«

»Ermittlungsbericht
Wie durch die Angehörigen der Abtl. Feuerwehr bekannt wird, haben sie inzwischen erfahren, daß die Wohnungsinhaberin die Absicht hatte, sich mit den beiden Kindern zu vergiften, da sie zuvor mit ihrem

Ehemann, dem Friseurmeister Petraschewski, Streit hatte. Sie ist aber durch einen Hausbewohner daran gehindert worden, der die Tür geöffnet hatte und auch die Feuerwehr anrief. Dieser Mann befindet sich in der Schlafstube der Wohnung, wo sich das zweite Kind der Täterin befindet und im Bett steht.
Aus dem Personalausweis der Täterin kann entnommen werden, daß es sich bei ihr um die Krankenschwester

Familienname:	Petraschewski, geb. Damrau, verw. Waitz
Vornamen:	Susanne, Selma
geb.:	6.7.1919 in Plauen

handelt. Sie hatte die Absicht, ihre beiden Kinder

Familienname:	Petraschewski
Vorname:	Bernd
geb.:	29.7.1954 in Plauen

und den

Familienname:	Petraschewski
Vorname:	Jens
geb.:	16.10.1957 in Plauen

mit zu vergiften. Da sie selbst wieder hergestellt ist und sprechen kann, wird sie nach der unternommenen Handlung befragt. Sie gesteht, daß ihr Mann heute wieder einmal eine Szene machte, weil sie sich erst einmal um die Kinder kümmerte, und als er plötzlich zu essen haben wollte, sie aber erst die Kinder fertig machte, lief er weg, um essen zu gehen. Da sich solche Szenen schon des öfteren ereignet haben und sie sich nicht länger die Vorwürfe ihres Mannes anhören möchte, wollte sie ihrem Leben ein Ende machen. Da sie aber für ihre beiden Kinder keine schöne Zukunft bei diesem Vater erwartete, beabsichtigte sie, diese mitzunehmen. Sie gab das alles aber erst auf Vorhalt zu, da sie die Sache als einen Unfall hinstellen wollte, wozu sie angab, daß sie sich Wasser zum Fußewaschen heiß machen wollte und vermutlich vergaß, das Gas zu entzünden.

Es wurde deshalb der Hausbewohner Schriever befragt, welcher die Tür geöffnet hatte. Er gibt an, daß er durch die neben der Petraschewski wohnenden Frau Fromsdorf gebeten worden sei, die Tür aufzumachen, weil die Petraschewski zu ihr geäußert hatte, daß sie sich vergiften will. Schriever öffnete deshalb die Tür, und als er die Küche betrat, fand er den Schlauch vom Gasrohrhahn abgezogen. Der Hahn selbst war ganz geöffnet, und es strömte Gas aus. Die Petraschewski lag mit den beiden Kindern auf dem Couch, welche schon teilnahmslos waren. In der Küche war starker Gasgeruch. Schriever öffnete dann die Balkontür und brachte die Kinder aus dem Raum. Er ließ dann auch die Feuerwehr rufen.

Anschließend wird noch die nebenan wohnende Frau Fromsdorf aufgesucht und befragt, und hier kann in Erfahrung gebracht werden, daß sie sich heute gegen Abend bei der Familie Petraschewski befand und den Streit bzw. die Vorwürfe des Herrn Petraschewski gegenüber seiner Frau miterlebte. Sie war auch nach dem Weggang desselben noch bei der Frau, um sie zu beruhigen, aber sie war derart erschüttert, daß sie sagte, sie wird sich nun mit Gas vergiften, da das Leben für sie gar keinen Zweck mehr habe, und auch die Kinder will sie nicht bei diesem Manne lassen. Die Fromsdorf gab ihr nun zu verstehen, daß sie dann eben bei ihr bleiben wird, bis der Mann zurückkommt, um sie daran zu hindern, und als sie nochmals wegging, um sich etwas zum Essen zu holen, sperrte die Petraschewski hinter ihr ihre Wohnung zu. Dies veranlaßte die Fromsdorf, den Schriever zu holen und ihm ihre Vermutung mitzuteilen.

Bei der Petraschewski wird der Schlüssel zur Küche weggenommen, um zu vermeiden, daß sie das gleiche nochmals wiederholt, und er der Fromsdorf zur Verwahrung gegeben, damit ihn evtl. der Ehemann bekommen kann, wenn er nach Hause zurückkehrt.«

Am Tage nach der versuchten Selbsttötung soll der Ehemann und Kindesvater seine Kenntnis und Mutmaßungen über den Tatentschluss seiner Gattin geben. Zur Tatzeit war er außer Haus. Laut Zeugen hatte er es im Streit verlassen. Petraschewski antwortet sehr knapp. Er spricht emotions- und teilnahmslos, vermerkt das Protokoll:

»Familienname:	Petraschewski
Vorname:	Richard
geb.:	7.8.1901 in Vlotho/Weser
Beruf:	(selbständiger) Friseurmeister
Geschäft:	Plauen, Wilhelm-Pieck-Straße PS 21

Petraschewski gab an, daß er mit seiner Frau schon seit Jahren des öfteren Streit hatte. Er ist früher spät nach Hause gekommen und hat sich in Lokalen her-

umgetrieben. Jetzt kann er aber das Wirtshausgehen nicht mehr vertragen.
Seine Frau würde sich zuviel den Kindern widmen und hätte für ihn keine Zeit.
Er würde eine Frau für das Geschäft gebrauchen, und sie hätte dafür kein Interesse. Sein Geschäft würde ihm aber über alles gehen und zu Hause interessiert ihn nicht.
Da seine Frau ab und zu einmal ins Kino ging, als er sich im Wirtshaus herumgetrieben hat, hat er ihr Vorwürfe gemacht. Damit sie nicht mehr ausgehen konnte, hat er sie geschwängert. Er hatte zugegeben, daß er seine Frau abgeschellt hat. Er brachte aber zum Ausdruck, daß dies doch schon lange her sei und mit dieser Sache nichts zu tun habe.
Bei der Befragung konnte festgestellt werden, daß es sich bei dem Petraschewski um einen egoistischen Menschen handelt. Für das Familienleben hat er kein Interesse, und er sieht als seinen Lebensinhalt nur sein Geschäft.
Zu bemerken wäre noch, daß der Beschuldigte am 19.5.1959, als seine Frau zur Dienststelle zugeführt wurde, sagte: ›Ich mache doch kein Kindermädchen, wer soll da auf die Kinder aufpassen?‹ Es wurde ihm klargemacht, daß er für seine Kinder ebenso verantwortlich ist wie seine Frau.«

Am Dienstag, den 19. Mai, hatte man die Frau, die sich und ihre Kinder töten wollte, aufs Revier der Polizei geholt. Dort wurde ein »Ermittlungsverfahren gegen

Susanne Petraschewski wegen versuchten Totschlags« eröffnet:

»Begründung: Sie lebte schon seit längerer Zeit nicht mehr gut mit ihrem Mann zusammen, und als es am 18.5.1959 in den Abendstunden wiederum zum Streit gekommen war, und der Ehemann die Wohnung verlassen hatte, legte sie sich in der Küche mit ihrem 2- und 5jährigen Kindern aufs Sofa und drehte den Gashahn auf, um sich und den Kindern das Leben zu nehmen.« Solch eine Tat verlangte Bestrafung. Zuvor waren folgende Aufgaben zu erledigen:

Susanne Petraschewski als Beschuldigte vernehmen.

Rücksprache wegen Inhaftnahme mit Staatsanwalt nehmen.

Beurteilung vom Abschnittsbevollmächtigten (ABV) anfordern. Er soll dabei auch auf den Ehemann, welcher in der Wilhelm-Pieck-Straße 21 ein Friseurgeschäft hat, mit eingehen, wie das Zusammenleben mit der Frau war beziehungsweise ist.

Dann saß die Ehefrau und Mutter vor den Polizisten:

»Vernehmung einer Beschuldigten

Plauen, 19.5.1959

Zeit:	17.00 Uhr
Familienname:	Petraschewski, geb. Damrau, verw. Waitz
Vornamen:	Susanne, Selma
geb.:	6.7.1919 in Plauen
Beruf:	Hausfrau
Seit wann dort tätig:	29.7.1954

Erlernter Beruf:	Krankenschwester
Einkommen und Vermögen:	keines
wohnhaft:	Jößnitzer Str. 119
Vorstrafen:	nach eigenen Angaben nicht vorbestraft
Familienstand:	verheiratet
Gatte:	Richard Petraschewski
Eltern wohnhaft:	Vater: Oelsnitz, Schulstr. 1, Mutter verstorben

Ich wurde als eheliches Kind meiner Eltern geboren und hatte noch vier Geschwister. Mein großer Bruder ist 1944 gefallen, und mein anderer Bruder hatte sich 1933 mit Gas vergiftet. Er war erst 18 Jahre und hatte keine Arbeit. Weiterhin hatte er schlechte Augen und war fast blind. Meine Schwestern sind verheiratet. Die Ehe meiner Eltern wurde im Jahr 1926 geschieden. Ich wurde von meiner Mutter aufgezogen. Meine Mutter hat nicht wieder geheiratet. Sie hatte dann als Weber gearbeitet. Für den Unterhalt der Kinder mußte der Vater bezahlen.

Von 1925–33 habe ich in Plauen die Volksschule besucht. Das Klassenziel habe ich immer erreicht. Von 1933–34 habe ich das Pflichtjahr in Treuen abgeleistet. Danach habe ich das Steppen gelernt. In diesem Beruf habe ich ca. 4 Jahre gearbeitet. Im Jahre 1939 habe ich als Krankenschwester gelernt. In diesem Beruf war ich bis 1954 tätig. Am 2.8.1941 habe ich in Treuen den Tischlermeister Kurt Waitz geheiratet. Er ist im Jahre 1943 gefallen.

Am 11.4.1954 habe ich in Plauen den Friseurmeister Richard Petraschewski geheiratet. Aus dieser Ehe sind 2 Kinder hervorgegangen. Der Bernd wurde am 29.7.1954 und der Jens am 16.10.1957 geboren.
Ich war bisher noch nicht organisiert und bin es auch heute nicht.
Zur Sache:
Meinen Mann Richard Petraschewski habe ich im Jahre 1950 in Bergen kennengelernt. Ich habe meine Schwester, welche in Bergen wohnt, des öfteren besucht, und dabei habe ich meinen Mann kennengelernt. Er hatte in Bergen ein Friseurgeschäft. Er lebte von seiner Frau getrennt. Als ich von ihm schwanger war, wurde seine Ehe geschieden. Meiner Meinung nach wurde er im April Mai 1954 geschieden. Er hatte in Plauen in der Gewerbeschule Unterricht gegeben und ist ungefähr 1952 nach Plauen verzogen. Er hatte in der Liebigstr. 22 ein Zimmer. Ich wohnte zu dieser Zeit im selben Haus.
Die Ehe mit meinem Mann ging soweit ganz gut. Die erste Auseinandersetzung war, als ich aus der Klinik kam. Ich hatte am 29.7.1954 in der Klinik entbunden. Als ich 4 Tage zu Hause war, hatte mein Kind Bernd an der Brust nicht richtig getrunken. Dadurch hatte er geschrien, weil er Hunger hatte. Mein Mann hatte mir diesbezüglich Vorwürfe gemacht, indem er sagte, daß ich eine schlechte Mutter wäre und mit dem Kind müßte es etwas haben. Ich habe zu ihm gesagt, daß ich das Kind sauber gemacht habe, und in der Mütterberatung wurde mir gesagt, daß ich dem Kind nichts zu-

sätzlich geben soll, da das Kind die Milch von der Brust heranziehen muß. Ich hatte zu meinem Mann weiterhin gesagt, daß er doch älter ist, und er doch diesbezüglich vernünftig sein müßte. Daraufhin hat er mich abgeschellt. Ich hatte dabei das Kind auf dem Arm. Er brachte mir ein oder zwei Schläge in das Gesicht bei.

Seit dieser Zeit ist es zwischen uns nicht mehr so, wie es sein soll. Mein Mann meckert immer, wenn die Kinder herumrennen und Lärm machen. Ich soll sonntags nach dem Essen mit den Kindern spazieren gehen, damit er zu Hause seine Ruhe hat. Es paßt ihm auch nicht, daß ich kein Geld verdiene. Er wirft mir vor, daß ich nur Geld ausgeben, aber keines verdienen könnte. Er sagt, er braucht eine Frau in das Geschäft, aber nicht für zu Hause. Er hatte schon oft gesagt, was für ein Leben wir haben könnten, wenn wir die Kinder nicht hätten. Ich habe oft zu ihm gesagt, daß ich die Kinder in den Kindergarten geben will, und ich dann mitarbeiten kann. Dies will er aber auch nicht.

Ich wasche die ganze Wäsche für das Geschäft und bessere sie auch noch aus. Er will aber haben, daß ich im Geschäft mitarbeite. Wegen den Kindern und auch der Arbeit, daß ich nicht mit im Geschäft arbeiten kann, gibt es des öfteren Streit zu Hause. Nach Geschäftsschluß kommt er nicht nach Hause und ist in verschiedenen Lokalen. Ich bin dann auch ab und zu einmal in das Kino gegangen. Er kam dann einmal nach Hause, wo ich nicht zu Hause war. Es kam da wieder zu einer Auseinandersetzung, und er hatte mich wieder geschlagen.

In der Woche geht es einigermaßen, da er früh geht und spät nach Hause kommt. Da stören ihn die Kinder nicht.
Aber am Wochenende bezw. an den Feiertagen stören ihn die Kinder, und er sucht dann immer nach Streit. Ich gebe ihm keine Antwort, damit er sich schnell wieder beruhigt. Er schlägt dann aber die Tür zu und geht fort und kommt in der Nacht erst wieder nach Hause.
Vor einem Jahr (Mai 58) wollte ich mich scheiden lassen. Ich habe diesbezüglich das Gericht und einen Rechtsanwalt (Harnak) aufgesucht. Es war so, daß ich nach der Geburt von Jens von meinem Mann wieder geschlagen wurde, ohne daß er einen Grund dafür hatte. Ich hatte mit meinem Mann darüber gesprochen, daß ich beim Rechtsanwalt und auf dem Gericht war wegen der Scheidung. Er hatte zu mir gesagt, daß dies für ihn nicht in Frage kommt. Wenn ich gehen will, kann ich gehen, aber die Kinder und die Wohnung sind ihm. Ich habe dann wieder die Scheidung zurückgezogen.
Vor den Pfingstfeiertagen und auch zu Pfingsten war es mir nicht gut gewesen. Am Pfingstmontag, gegen 10.00 Uhr habe ich zu meinem Mann gesagt, daß ich mich ein wenig hinlegen muß, da ich nicht mehr kann. Ich hatte zuerst meine Kinder versorgt und dann habe ich mich mit ihnen hingelegt. Dadurch konnte ich nichts zu Mittag kochen. Das Fleisch hatte ich zwar fertig, aber die Kartoffeln mußten noch geschält und gekocht werden. Mein Mann hatte die Kartoffeln geschält und auch gekocht. Dies hat er aber nicht gerne

gemacht und sagte immer: ›Das sind ja schöne Feiertage! Andere gehen schön spazieren und du mit deinem elenden Geputze hast mir die ganzen Feiertage versaut!‹

Wir haben dann Mittag gegessen, und er hatte weiter geschimpft. Beim Mittagessen war der Herr Schriever dabei. Er hatte dann aufgewaschen, und mein Mann sagte zu mir, daß ich mich wieder hinlegen soll. Ich hatte mich dann in der Stube hingelegt, und mein Mann legte sich ins Bett. Die Kinder hatten ebenfalls geschlafen. Der Herr Schriever wohnt im selben Haus und erledigt manchen Weg für uns, bezw. hilft er mir in der Wirtschaft. Gegen 16.00 Uhr bin ich aufgestanden und habe Kaffee gekocht. Gegen 17.00 Uhr kam das Frl. Fromsdorf in meine Wohnung und hatte mich gebeten, daß ich ihre Schlüssel den Malern gebe. Er sagte zu dem Frl. Fromsdorf, daß ich den ganzen Tag gelegen habe. Ich hätte mit meinem elenden Geputze ihm die ganzen Feiertage versaut. Weiterhin sagte er, daß ich auch das Rauchen und das Bohnenkaffeetrinken sein lassen soll. Frl. Fromsdorf sagte darauf, daß ich doch nicht viel rauche. Mein Mann sagte weiter, daß ich im Gesundheitswesen war und würde dann mit meinem Körper so umgehen.

Das Frl. Fromsdorf ist in der Wohnung geblieben, und ich habe den Jens dann gebadet. Anschließend habe ich ihn in das Bett gebracht. Mein Mann kam aus dem Wohnzimmer und sagte, du willst wohl den Bernd auch noch in die Wanne setzen. Wie ich mir das vorstellen würde, da er doch Hunger habe. Er fing wieder an zu schimpfen, indem er sagte, du mit deinem elenden Gemähr, jetzt mährst du noch mit dem (Bernd) noch eine Stunde herum. Wenn das meine Feiertage sein sollen, jetzt ist es aber Schluß. Er hatte die Küchentür zugeschlagen und hat sich angezogen und ist fortgegangen.

Ich war dadurch mit den Nerven fertig und habe mich auch vor dem Frl. Fromsdorf geschämt. Ich sagte mir, jetzt ist es Schluß, jetzt drehe ich den Gashahn auf. Ich hatte auch den festen Willen, mit meinen Kindern aus dem Leben zu scheiden, indem ich mich mit Leuchtgas vergiften wollte.

Als mein Mann die Wohnung verlassen hatte, ist das Frl. Fromsdorf aus der Wohnung gegangen. Zu ihr hatte ich meiner Meinung nach gesagt, daß ich mich mit den Kindern vergiften will.

Als ich allein mit den Kindern in der Wohnung war, habe ich die Wohnung von innen abgeschlossen und die Schlüssel stecken lassen. Ich habe den Jens aus der Schlafstube geholt und auf den Couch gesetzt. Der Bernd saß schon auf dem Sofa. Ich habe dann den Gasschlauch vom Gashahn abgemacht und den Gashahn aufgedreht, so daß Gas ausgeströmt ist. Das Fenster und die Küchentür waren geschlossen. Ich hatte mich dann ebenfalls auf den Couch gelegt und den Jens in den rechten Arm genommen. Das Gas strömte weiterhin aus.

Ich bin dann eingeschlafen. Ich möchte noch mit angeben, daß ich nicht gemerkt habe, wie ich eingeschlafen bin. Ich hatte meinen Kindern Märchen erzählt.

Ich kann aber heute nicht mehr angeben, was ich gesagt habe. Ich bin dann jedenfalls eingeschlafen.
Ich habe nicht gemerkt, wie die Kinder eingeschlafen sind.
Ich weiß auch nicht, wie lange das Gas ausströmte.
Es stand der Schriever auf einmal vor mir und hatte mich am Arm gefaßt. Er sagte zu mir, was machen Sie denn.
Ich habe den Bernd gehört, und der Jens hatte geweint. Ich habe ihn nach den Kindern gefragt, und er sagte zu mir, daß sie bei dem Frl. Fromsdorf sind.
Es kam dann die Feuerwehr, und im Haus standen einige Leute. Ich habe zu dem Herrn Schriever gesagt, daß er nichts im Haus sagen soll bezw. daß er sagen soll, daß es sich um einen Unglücksfall gehandelt hat. Dies war aber nur eine Ausrede.
Ich wollte meine Kinder deswegen mitnehmen, da sie doch ohne eine Mutter nicht auskommen bezw. wenn ich nur aus dem Leben geschieden wäre, sie von einem zum anderen gestoßen worden wären.
Mir wurde jetzt klar gemacht, daß meine Handlung nicht richtig war, und ich sehe dies auch ein. Ich war gestern so mit den Nerven fertig, daß mir alles gleich gewesen ist.
Es war bei mir so, daß mir alles durch den Kopf gegangen ist, wie mein Mann mich schon geschlagen hat, daß ich ein blaues Auge hatte und die Nase blutete. Ihm sind die Kinder im Weg, da ich nicht mit im Geschäft arbeiten kann, und er wirft mir immer vor, daß ich nur das Geld verbrauche, aber keines verdie-

ne. Er kommt immer spät nach Hause, und ich weiß auch nicht, wo er sich aufhält. Alles kam mir durch den Kopf, und ich hatte die Nerven verloren. Ich hatte in dieser Situation nur den einen Gedanken, aus dem Leben zu scheiden, und wollte meine Kinder niemandem anders geben. Aus diesem Grunde wollte ich sie auch mitnehmen.

Der Bernd hatte diese Auseinandersetzungen zu Hause schon gesehen. Wenn ich den Bernd ausschimpfe, sagt er zu mir, daß er es dem Papa sagen will, dann würde ich Schellen bekommen.

Ich werde diesen Fehler nicht mehr machen und glaube auch, daß ich die Nerven nicht mehr verlieren werde. Ich kann es heute selbst nicht verstehen, daß ich zu so einer Handlung mich hinreißen ließ und noch meine Kinder mitnehmen wollte.«

Mehr kann Susanne Petraschewski nicht sagen. All das ist ihr peinlich. Wenn sie könnte, würde sie es ungeschehen machen. Aber zurückdrehen kann man die Zeit nicht. Die Ermahnungen und Ratschläge, die sie von offizieller Seite erfuhr, sind aus ihren Sätzen abzulesen. Sie wird nach dem intensiven polizeilichen Gespräch zu ihren Kindern nach Hause entlassen, in Haft behält man die Mutter nicht. Doch mit einem Gerichtsverfahren muss Frau Petraschewski rechnen, denn zweifellos: Ein versuchter Totschlag an zwei Kindern muss strafrechtlich geahndet werden.

Realität trifft auf das propagierte Ideal der staatsbeherrschenden Sozialisten, die stets und gern von

Gleichberechtigung sprechen. Die verzweifelte Handlung von Susanne Petraschewski zeigt, wie hartnäckig die überkommenen Geschlechterrollen auch in der neuen Gesellschaft überleben. Der *Ratgeber für junge Eheleute* vom Leipziger Verlag für die Frau schreibt 1965: »Der Haushalt war das Reich der Frau. Das ist eine alte Weisheit, sagte die Großmutter. Es war immer so und wird immer so bleiben. War der Haushalt wirklich das Reich der Frau?

Der Haushalt war ihr Fluch! In den Kleinbürgerfamilien war der Haushalt zwar der Arbeitsbereich, nie aber das von der Frau beherrschte Reich. Sie hatte zu werken, bekam ihr Haushaltsgeld, manchmal ein geringes Taschengeld, aber sie war dem Manne rechenschaftspflichtig. Alle größeren Entscheidungen, die über den Haushalt zu treffen waren, Veränderungen oder Neuanschaffungen, bestimmte der Mann allein. Er führte ein Paschadasein und traf alle wesentlichen Festlegungen. Die Frau mußte ihm – getreu dem Motto: Das Weib sei dem Manne untertan! – dienen und gehorchen.

Auch heute spricht man bei uns davon, der Haushalt sei das Reich der Frau. Stimmt das heute noch? Wie ist es damit bestellt?

Durch die Gesetze unseres Staates ist die Gleichberechtigung der Frau gewährleistet. Sie genießt die gleichen Rechte wie der Mann im Beruf und im öffentlichen Leben. Sie ist dem Manne gleichgestellt. Doch mit Verordnungen und Gesetzen allein ist es nicht getan. Es galt und gilt auch heute, überholte Anschauungen, die noch in den Köpfen mancher Männer spuken, zu beseitigen. Das ist ein schwieriger Entwicklungsprozeß, er erfordert von beiden Geschlechtern Verständnis und hohes Bewußtsein. Noch gibt es Frauen, die sich von der Beklemmung der Vergangenheit nicht zu lösen vermögen, denen es an Selbstvertrauen mangelt. Nicht immer wird ihnen durch die Vertreter des männlichen Geschlechts ihre Entwicklung erleichtert. Mancher leitende Mitarbeiter in Betrieben und Verwaltungen muß sich von törichten Vorbehalten und überholten Anschauungen erst noch lösen, um die Frauen in seinem Bereich sinnvoll einzusetzen und zu fördern. Die Leistungen der Frauen unserer Republik in den letzten Jahren haben das in sie gesetzte Vertrauen gerechtfertigt. Die Hausarbeit ist heute kein reines Frauenproblem mehr. Viele Männer haben begriffen, daß sie mit zupacken müssen, um die Hausarbeit gemeinsam zu bewältigen.« Richard Petraschewski hatte dies augenscheinlich nicht begriffen und verinnerlicht und damit die Familientragödie ausgelöst.

Deshalb sieht der ermittelnde Staatsanwalt Heinrich Bettermann in Susanne Petraschewskis Handeln auch mehr als eine Kurzschlussreaktion aufgrund privater Ausweglosigkeit. Er sieht in der Tat dieser Frau auch die Bedrohung der sozialistischen Ideale und fordert für sie harte gesellschaftliche Konsequenzen: als Beispiel, als Lehre, als Erziehungsmaßnahme. Am 3. Juni 1959 übersendet er seine Anklageschrift dem Gericht und schreibt darin: »Die Hausfrau Susanne Selma Petraschewski, nicht in Haft, klage ich an, das Leben der Menschen angegriffen zu haben.

Die Beschuldigte hat am 18.5.1959 in ihrer Wohnung in Plauen Gas ausströmen lassen in der Absicht, sich und ihren beiden Kindern im Alter von 1 und 5 Jahren das Leben zu nehmen, ein Vergehen gem. § 212 StGB (versuchter Totschlag) in Verb. mit § 43 StGB (notwendige Freiheitsstrafe).

Wesentliches Ermittlungsergebnis:

In unserer Republik wird der Entwicklung der Kinder größte Aufmerksamkeit gewidmet. Durch die großzügige staatliche Unterstützung ist es allen Eltern möglich, ihre Kinder zu wertvollen Mitgliedern unserer Gesellschaft zu erziehen. Unsere Kinder gehen einer frohen und glücklichen Zukunft entgegen. Es muß deshalb jeder Angriff auf das Leben und die Gesundheit unserer Kinder, gleich aus welchen Motiven heraus er erfolgt, energisch bekämpft werden. Kein Mensch, auch nicht die Mutter, hat das Recht, über Tod oder Leben ihrer Kinder zu entscheiden.

Die Beschuldigte leistete nach ihrem Volksschulbesuch ihr Pflichtjahr in Treuen ab. Danach erlernte sie das Steppen. In dem Beruf einer Stepperin arbeitete sie vier Jahre. Im Jahr 1939 lernte sie als Krankenschwester. Diesen Beruf übte sie bis zu ihrer Heirat im Jahre 1954 aus.

Die Beschuldigte führt schon seit geraumer Zeit kein gutes Eheleben. Es kam in der letzten Zeit des öfteren zu Streitigkeiten zwischen ihr und ihrem Mann, weil dieser ihr vorhielt, daß sie kein Geld verdienen würde und er sie lieber im Geschäft als im Haushalt sähe. Auch warf er ihr vor, daß sie das Geld nur ausgeben, aber nicht verdienen könne. Nicht nur die Arbeit war für ihren Mann der Anlaß für Streitigkeiten, sondern auch die Kinder, wenn diese etwas lärmten. In der Vergangenheit kam es schon einmal vor, daß der Ehemann der Beschuldigten dieselbe so schlug, und zwar auf den Kopf, daß sie blutete und auch einmal ein blaues Auge davontrag.

Am 18.5.1959, es war am Pfingstmontag, kam es wiederum zu Auseinandersetzungen, da es dem Ehemann Petraschewski gegen den Strich ging, daß seine Frau, die Beschuldigte, der es an diesem Tage sehr schlecht war, am Abend die Kinder badete. Nach dieser Auseinandersetzung verließ der Ehemann der Beschuldigten die Wohnung, weil er angeblich bei ihr nichts zu essen bekomme. Die Beschuldigte war auf Grund des Vorfalles völlig mit den Nerven herunter und sah letzten Endes den einzigen Ausweg in einem Ausscheiden aus dem Leben. Damit ihre Kinder nicht allein auf sich angewiesen sind, wollte sie diese mit aus dem Leben nehmen. Als die Zeugin Fromsdorf, die bei der Beschuldigten am Abend in der Wohnung war und von deren Absicht, sich mit Gas zu vergiften, erfuhr, für kurze Zeit die Wohnung der Beschuldigten verließ, um sich etwas zu essen zu holen, sperrte diese sich ein, um zu verhindern, daß die Zeugin sie von der Ausführung ihres Vergehens abhält. Sie drehte dann den Gashahn auf und legte sich mit ihren beiden Kindern Bernd und Jens auf das Sofa.

Dadurch daß die Zeugin Fromsdorf den Zeugen Schriever benachrichtigte, konnte verhindert werden,

daß die Beschuldigte mit ihren Kindern an den Folgen einer Gasvergiftung verstarb.
Durch ihre Handlungsweise hat die Beschuldigte sich eines versuchten Totschlags schuldig gemacht. Ihr muß in der vom Gericht anzuberaumenden Hauptverhandlung mit aller Eindringlichkeit das Verwerfliche ihres Tuns vor Augen geführt werden, damit sie erkennt, daß der von ihr gewählte Weg – aus dem Leben mit ihren Kindern zu scheiden – nicht der richtige war. Wegen ihrer strafbaren Handlung, die nicht zuletzt eine Folge des schlechten Verhaltens des Ehemannes der Beschuldigten war, hat sie sich vor einem demokratischen Gericht zu verantworten.
Es wird beantragt, die Eröffnung des Hauptverfahrens gegen die Beschuldigte zu beschließen und einen Hauptverhandlungstermin vor der Strafkammer des Kreisgerichts Plauen-Stadt anzuberaumen.«
Die Gerichtsverhandlung findet am 22. Juni 1959 von 8.00 bis 10.20 Uhr statt. Ein kurzer Prozess, die Tatsachen sind eindeutig. Die Angeklagte leugnet nicht, auch der Ehemann ist als Zeuge aufgerufen:

»Er: Meine Ehe war nicht günstig. Meine Ehefrau richtet sich nicht nach meinen Wünschen. Sie wird mit dem Haushalt nicht fertig, obwohl sie den ganzen Tag zu Hause ist. Mir gefällt auch nicht, daß sie dauernd Fremde noch für ihre Arbeiten einspannt.

Sie: Ich ertrage das Leben mit meinem Mann nicht mehr.

Er: Geschlagen habe ich sie, weil sie mich gereizt hat.

Nach diesem Vorfall habe ich meine Frau nicht wieder geschlagen.

Sie: Doch, erst gestern hat er mich wieder abgeschellt.

Er: Es waren keine Schläge. Es waren Widersetzlichkeiten. Ein Klaps.

Sie: Es war mehr als ein Klaps gewesen.

Er: Vorige Woche habe ich ihr nur mit einem Schlauch gedroht. Meine Frau ist streitsüchtig. Jede Diskussion artet in Streit aus. Es ist auch nicht notwendig, daß sie übermäßige Putzarbeiten macht, z. B. die Fensterstöcke bronziert.«

Und Richard Petraschewski versucht, das Handeln seiner Frau nur als den Versuch eines Selbstmordes darzustellen. Frau Fromsdorf konnte ja die tödliche Konsequenz verhindern, weil seine Frau ihr das Vorhaben angekündigt hat: »Dann dreh' ich den Gashahn auf!« Das sei mit Absicht und Vorbedacht geschehen, denn seine Gattin habe gar nicht sterben wollen, ein Denkzettel für ihn sei das gewesen. »Ich habe zu ihr gesagt, sie solle die Wahrheit sagen, ihre wirkliche Absicht war nicht, sich das Leben zu nehmen, sondern es war vielmehr ein Schreckschuß.«

Die Beweisaufnahme wird geschlossen. Staatsanwalt Heinrich Bettermann beantragt gegen die Angeklagte Susanne Petraschewski wegen versuchten Totschlags eine Gefängnisstrafe von zehn Monaten. Die Angeklagte hat das letzte Wort in der Verhandlung. Sie erklärt: »Ich habe mir damals nicht recht überlegt, was ich tue. Ich sehe jetzt ein, daß das nicht der richtige Weg war.«

Nach Beratung wird um 11.05 Uhr das Urteil verkündet: »Im Namen des Volkes! Die Angeklagte wird wegen versuchten Totschlags zu 10 – zehn – Monaten Gefängnis verurteilt. Sie hat auch die im Verfahren entstandenen Kosten zu tragen.

Urteilsbegründung:
Bei der strafrechtlichen Bewertung des Verhaltens der Angeklagten war von der Gesellschaftsgefährlichkeit auszugehen, die so erheblichen Grades ist, daß nach übereinstimmender Auffassung der Strafkammer und des Staatsanwaltes die Bestimmung des § 1 StEG auf die Tat der Angeklagten keine Anwendung finden kann. Gleichwohl aber mußten die Umstände und das Motiv der Tat besondere Berücksichtigung finden. Die durch die unglückliche Ehe der Angeklagten hervorgerufene seelische und körperliche Erschöpfung der Angeklagten rechtfertigen nach übereinstimmender Auffassung aller am Prozeß Beteiligten die Anwendung mildernder Umstände gemäß § 213 StGB.
Da die Angeklagte sich in hohem Maße gegen das höchste Gut des Menschen, nämlich das Leben, vergangen hat, in dem sie zwei Kindern das Leben zu nehmen versuchte, bevor es richtig zur Entfaltung gelangen konnte, muß sie durch eine für sie auch empfindliche Freiheitsstrafe zur Achtung von Leben und Gesundheit der Menschen erzogen werden. Die Strafkammer folgte deshalb dem Antrag des Staatsanwaltes und erkannte gegen die Angeklagte auf eine Gefängnisstrafe von zehn Monaten. Diese Strafe ist auch not-

wendig, um der Angeklagten selbst die ganze Verwerflichkeit und Gesetzwidrigkeit ihres Handelns zum Bewußtsein zu bringen, gleichzeitig aber auch Andere vor der Begehung ähnlicher Straftaten abzuhalten.
Da das Verfahren zu ihrer Verurteilung geführt hat, hat sie auch gemäß § 353 StPO in Verbindung mit § 2 Abs. 2 StPO die entstandenen Kosten zu tragen.«

Rechtsanwalt Robert Harnak, der Susanne Petraschewski auch im von ihr zurückgezogenen Scheidungsverfahren juristisch vertreten hätte, bittet unverzüglich um Überprüfung dieses Urteils, das es nicht nur ihm für eine liebende Mutter in einer Ausnahmesituation zu hart erscheint. Er bezweifelt, dass alle mildernden Umstände der Tat im Urteil ausreichend Berücksichtigung gefunden haben. Besonders weist RA Harnak darauf hin, dass die Verurteilte diese Handlungen nicht im Vollbesitz ihres Bewusstseins begangen haben kann.
»RA Robert Harnak
Bahnhofstr. 4 (Am Postplatz)
Plauen
26.6.1959
Richtig ist, daß die Angeklagte den Tatbestand des § 212 StGB in Verbindung mit § 43 StGB erfüllt hat und daß gegen sie dieserhalb ein Strafverfahren eingeleitet und durchgeführt werden mußte. Man muß aber bei der Strafhöhe und bei der Prüfung der Frage einer Anwendung des § 1 StEG und bei der Prüfung der Frage, inwieweit bei der Angeklagten unter Um-

ständen die Voraussetzungen des § 51 Abs. 2 StGB gegeben waren, die Gesamtumstände in Betracht ziehen. Im Vordergrund steht zunächst, daß die Angeklagte schon in ihrer ersten Vernehmung und auch in der Hauptverhandlung der Wahrheit die Ehre gegeben hat, obwohl ihr seitens ihres Ehemannes geraten war, die Ernstlichkeit ihrer Handlungen zu bestreiten.
Bei der Begehung der Tat war die Angeklagte mit den Nerven völlig fertig. Dies konnte die Zeugin Fromsdorf bestätigen, und dies wurde auch im Schlußbericht (der Polizei) festgestellt. Dort heißt es bei der durchgeführten Beschuldigten-Vernehmung: ›… konnte festgestellt werden, daß die Beschuldigte die Nerven verloren hatte‹. Es drängt sich also geradezu der Gedanke auf, daß die Angeklagte nicht im Vollbesitz ihrer Handlungsfähigkeit gewesen ist, besonders wenn man noch dazu bedenkt, daß ein Bruder von ihr sich bereits mit Gas vergiftet hat, daß somit die Neigung hierzu schon in ihrer Natur geschlummert hat.
Auch ihre Einstellung nach der Tat, daß sie Einsicht und Reue gezeigt hat, wird im Schlußbericht hervorgehoben. Bedenkt man nun noch, daß sie sehr an ihren Kindern hängt und daß eine Trennung von den Kindern auch für diese große Schwierigkeiten bringen würde, so ist doch unter Berücksichtigung der Gesamtverhältnisse und der Persönlichkeit der Angeklagten die Anwendung des § 1 StEG zu verantworten. Hierzu muß man noch berücksichtigen, daß die Angeklagte 14 Jahre lang als Krankenschwester uneigennützig auf der Isolierstation gearbeitet hat und sich

dort mit Typhus und Scharlach im Beruf infiziert hatte.«
Dieser Antrag auf »Berufung wird einstimmig als offensichtlich unbegründet verworfen«. Susanne Petraschewski tritt am 26. Oktober 1959 ihre Gefängnisstrafe an und wird im Frauengefängnis Schloss Hoheneck in Stollberg/Erz. inhaftiert.

In Plauen, Jößnitzer Straße 119, ist fortan Richard Petraschewski mit Haushalt, Kindern und Familienpflichten auf sich allein gestellt. Damit ist er augenscheinlich überfordert. Der Vater bittet staatliche Institutionen um Hilfe in seiner für ihn ungewohnten Situation, die er nicht meistern kann. Er schreibt »An den Staatsanwalt des Stadtkreises Plauen i.V.
24.11.1959
In der Strafsache Susanne Selma Petraschewski bitte ich unter Darlegung meiner äußerst schwierigen Lage und Verhältnisse um Milderung des Urteils vom 22.6.1959 um bedingte Freiheitsstrafe notfalls Strafaussetzung.
Gründe:
Wie aus den Akten ersichtlich ist, sind 2 Kinder im Alter von 2 und 5 Jahren vorhanden. Während der 5jährige Bernd in einem Kinderwochenheim gut untergebracht ist, mußte ich den 2jährigen Jens schon am 30.10.1959 aus der Kinderkrippe ›Clara Zetkin‹ wieder herausnehmen. Der Zustand des Kindes war einfach trostlos, außer starker Erkältungserscheinungen und eitriger Wundstellen an den Genitalien verweigerte er

außer der Trinkflasche jede Nahrungsaufnahme, zeigte völlige Apathie gegenüber der Außenwelt, wurde sogar von einer Pflegerin als nicht normal verdächtigt, wobei betont werden muß, daß das Kind vom ersten Lebenstag außer der Mütterberatung nie ärztliche Behandlung brauchte. Da Kinder in diesem Alter an und für sich noch nicht ganz sauber sind, zeigte sich hier ein erheblicher Rückschlag, daß er alles unter sich machte. Ich begab mich mit dem Kind sofort in ärztliche Behandlung des Kinderarztes Dr. Pleul, Kinderpoliklinik, Gottschaldstr. 1, wo auch über meine Darlegung Auskunft eingeholt werden kann. In der Nacht zum 7.11. mußte ich sogar den diensttuenden Arzt in der Poliklinik aufsuchen. Als Folgeerscheinung der Erkältung ist nun noch beiderseitige Mittelohrentzündung hinzugekommen. Nach Überweisung durch Dr. Pleul ist das Kind jetzt zusätzlich in Behandlung des Spezialarztes Dr. Arndt, Poliklinik Liebigstr.

Bedenkt man nun, welche Aufgabe mir als Vater im Alter von 58 Jahren, der sehr an seinen Kindern hängt, gestellt ist, der ich keine Angehörigen in der DDR habe, denn ich bin gebürtig aus Westfalen und lebe seit 1932 im Vogtland, Parteigenosse seit 1925, 60 Prozent schwerbeschädigt, so hat das Schicksal mich schwer getroffen. Seit drei Wochen pflege ich das Kind Tag und Nacht, dazu habe ich am Wochenende über Sonntag den 5jährigen Sohn ebenfalls zu betreuen, waschen, kochen, Einkäufe erledigen usw. Um meinen Friseurbetrieb kann ich mich nach dem Strafantritt meiner Frau nicht mehr kümmern, da mein

Geschäft von der Wohnung weit entfernt liegt, habe aber als Lehrausbilder ebenfalls große Verpflichtungen, kommt noch hinzu meine Ämter als Handwerksfunktionär in der Berufsgruppe, stellv. Obermeister, Prüfungsvorsitzender und Lehrlingswart. Diese Ämter niederzulegen sind meiner Partei nicht dienlich. Jetzt schon bereits nervlich stark angeschlagen, habe ich dazu noch die Sorge um meine eigene Gesundheit, denn ich bin selbst laufend in ärztlicher Behandlung in der Wismutpoliklinik wegen den unausbleiblichen Alterserscheinungen.

In bezug auf das Strafmaß erlaube ich mir keine Einwendungen, denn das Verwerfliche der Tat mußte meiner Frau zur Einsicht gebracht werden, obwohl es eigentlich ratsam gewesen wäre, meine Frau gleich nach der Tat auf die Nervenstation zur Untersuchung zu überführen. Ich glaube aber bestimmt, daß ihr die bisherige Haftzeit schon genügt, um sich reuevoll in das gesellschaftliche Leben wieder einzufügen, damit sie ihre Pflichten als Mutter wieder aufnehmen und erkennen kann. Dazu hege ich die Hoffnung, daß ich eine Frau zurückbekomme, die von nun an den Vorsatz hat, dazu beizutragen, in Zukunft eine glückliche Ehe zu gestalten.

Könnte es abschließend nicht zu Gunsten meiner Frau sprechen, daß sie jahrelang als Krankenschwester im hiesigen Stadtkrankenhaus auf Isolierstation ihre eigene Gesundheit für die Kranken eingesetzt hat und vorübergehend selbst an Tbc erkrankt war.

Mit der Bitte um Überprüfung meiner Angaben hoffe

ich um Berücksichtigung meiner trostlogen Lage und um Gehör bei der Staatsanwaltschaft.«

Das Schreiben des Genossen Petraschewski zeigt Wirkung, zumindest wird dem von ihm geschilderten Behandlungsverlauf des Jungen nachgegangen. Denn dass der zweijährige Jens in staatlicher Obhut krank geworden sei und das Personal darauf nicht eingegangen wäre, würfe ein allzu schlechtes Licht auf die sozialistische Kinderbetreuung.
»Ambulanz des Krankenhauses Plauen
24.11.1959
Wegen Inhaftierung seiner Ehefrau mußte das Kind Jens Petraschewski im Clara-Zetkin-Heim aufgenommen werden. Nach wenigen Tagen sei dem Vater das Kind wieder nach Hause gegeben worden mit dem Hinweis, daß es jegliche Nahrungsaufnahme verweigere und immer mit zum Kopf erhobenen Armen herumlaufe. Der Vater erwähnte weiterhin erneutes Einnässen des bereits trocken gewesenen Kindes und ein jetzt auffallend blasses Aussehen und unruhigen Nachtschlaf.«
Die Betreuer betonen, dass es Richard Petraschewskis eigener Wunsch gewesen wäre, das Kind bei sich daheim zu haben. Sie als Pädagogen wären damit nicht einverstanden gewesen, doch übten sie das Sorgerecht nicht aus. So haben sie den Jens am 31. Oktober dem Vater übergeben müssen. Auch sei der Jens dermaßen krank, wie der Vater es behauptet hat, gar nicht gewesen. Denn erst sie hätten Richard Petraschewski ver-

anlasst, mit dem Kinde einen Arzt aufzusuchen. Der Vater hätte wahrscheinlich versucht, den Jens zu Hause zu kurieren. Und natürlich würde dem Kind ein Heimplatz wieder zur Verfügung gestellt, wenn es der Erziehungsberechtigte wünsche. Im Vordergrund der sozialistischen Gesellschaft stehe stets der Mensch, vor allem die Kinder.

Am 2. Dezember erhält Richard Petraschewski die Antwort des Staatsanwaltes auf seine Bitte: »Ihr Gesuch um bedingte Strafaussetzung für Ihre Ehefrau habe ich erhalten und geprüft. Die Überprüfung ergab, daß Sie das Kind freiwillig aus dem Kinderheim nach Hause nahmen, weil es erkrankt gewesen sei. Trotzdem haben Sie erst am 4.11. einen Arzt mit dem Kinde aufgesucht. Von uns aus wurde veranlaßt, daß vom Rat der Stadt beschleunigt wieder ein Platz in einem Kinderheim Ihnen zur Verfügung gestellt wird. Sie wollen sich bitte in dieser Angelegenheit in den nächsten Tagen an die Kollegin Riebesel beim Referat Mutter und Kind des Rates der Stadt Plauen wenden.
Die Haftentlassung Ihrer Ehefrau kann gegenwärtig noch nicht erfolgen, da die Straftat die Verbüßung zu mindest eines größeren Teils der ausgeworfenen Freiheitsstrafe erforderlich macht.«

Damit gibt sich der Vater nicht zufrieden und übt mit seiner SED-Parteimitgliedschaft und gesellschaftlichen Stellung moralischen Druck auf die Entscheider in den Gerichtsstuben aus.

»Richard Petraschewski
Jößnitzer Straße 119
Abschriftlich a. d. SED Stadtleitung Plauen i.V.
8.12.1959
Auf Ihr Antwortschreiben vom 2.12.1959 muß ich folgendes richtigstellen: Es war mir vom Kinderheim erlaubt, das Kind über sonn- und feiertags nach Hause zu holen. So habe ich am 30.10.1959 die im Prozeß als Zeugin beteiligte Fr. Fromsdorf beauftragt, das Kind zu diesem Zwecke abzuholen. Merkwürdigerweise stellte die anwesende Pflegerin gleich die Frage, ob sie das Kind gleich für ganz holen wolle. Über den Zustand des Kindes äußerte diese weiter, es wäre krank und scheine auch nicht ganz normal zu sein. In meinem Gesuch habe ich bereits geschildert, wie das Kind zurückkam. Ich war daher wohl gezwungen, das Kind selbst in Pflege zu nehmen und mich um ärztliche Hilfe zu bemühen. Am nächstmöglichen Tage habe ich der Kollegin Riebesel beim Referat Mutter und Kind Bericht erstattet, es war am 2.11.1959. Von dort zur Kinderpoliklinik Dobenaustr. geschickt, erbat ich einen Hausbesuch, erhielt im Anmeldebüro den Bescheid, daß keine Hausbesuche angenommen werden. Nach telefonischer Anfrage in der Kinderpoliklinik Gottschaldstr. wurde das Kind am 4.11.1959 angenommen, wo es auch heute noch in Behandlung ist. Hieraus ist wohl ersichtlich, daß ich keine Minute säumig war.
Ich habe in meinem Gesuch nicht um einen Platz in einem Kinderheim nachgesucht, da es mir bekannt ist, daß kranke Kinder nicht aufgenommen werden, zum

anderen wäre es unverantwortlich meinerseits, das Kind der Gefahr eines Rückschlages auszusetzen.
Ein Inserat in der Freien Presse wegen Beschaffung einer Aufwartung für das Kind wurde vom Rat der Stadt Abt. Arbeit ebenfalls nicht genehmigt mit der Begründung: Arbeitskräfteentziehung.
Gleichzeitig teile ich Ihnen mit, daß ich mich in meiner Bedrängnis mit der Abschrift meines Gesuches an den 2. Sekretär der SED Stadtleitung, Genosse Künzel, gewandt habe und bitte Sie, eine Aussprache nicht abzulehnen.
Hochachtungsvoll Richard Petraschewski«
Es bleibt bei der für Richard Petraschewski misslichen Entscheidung: Seine Frau kann aus dem Gefängnis nicht entlassen werden, zu groß sei ihre Schuld, zu kurz die bislang verbüßte Haft. Außerdem musste sich Susanne Petraschewski in medizinische Behandlung begeben und wurde verlegt. Krankheitssymptome ließen sie in der Haftanstalt Hoheneck nicht länger verbleiben. Susanne Petraschewski verbüßt die Strafe nunmehr im Leipziger Haftkrankenhaus Klein-Meusdorf, Leinestr. 111.

Doch verschwindet ihr Haftentlassungsantrag nicht in Aktenstapeln, er bleibt dem Staatsanwalt präsent. Nach knapp vier Monaten der verbüßten Strafe wird über Susanne Petraschewskis Gefängnisaufenthalt erneut entschieden. Der Plauener Staatsanwalt fordert eine Einschätzung ihres Verhaltens und der Erziehungserfolge an.

»Die Strafgefangene Petraschewski befindet sich seit dem 10.12.1959 im HKH Klein-Meusdorf zur stationären Behandlung. Während ihres Hierseins fügte sie sich allen Anweisungen. Das Verhalten gegenüber dem Aufsichtspersonal ist diszipliniert, ebenfalls ihr Verhalten in der Gemeinschaft.
Eine Tageszeitung hält sie sich nicht, liest jedoch viel schöngeistige Literatur aus der Gefangenenbücherei. Irgendwelche Diskussionen über unseren Arbeiter-und-Bauern-Staat sind nicht bekannt. Über ihre strafbare Handlung hat sie sich nicht geäußert.«

Der offizielle Entlassungstermin für Susanne Petraschewski wäre der 25. August 1960 gewesen. Doch am 22. Februar wird ihre bedingte Strafaussetzung mit folgendem Beschluss bewilligt:
»In der Strafsache gegen die Hausfrau Susanne Selma Petraschewski wird auf Antrag des Staatsanwaltes des Stadtkreises Plauen der Verurteilten für die Reststrafe der durch Urteil des Kreisgerichts Plauen-Stadt vom 22. Juni 1959 gegen sie erkannte Freiheitsstrafe von zehn Monaten Gefängnis gemäß § 346 StPO bedingte Strafaussetzung mit dem Ziele des Straferlasses nach einer Bewährungszeit von zwei Jahren gewährt. Die Wirksamkeit dieses Beschlusses wird auf den 25. März festgesetzt.
Gründe:
Die Verurteilte verbüßt seit dem 26. Oktober 1959 die ihr auferlegte Strafe. Sie hat sich im Strafvollzug bisher allen Anweisungen gefügt und sich sowohl dem

Aufsichtspersonal gegenüber als auch in der Gemeinschaft immer diszipliniert verhalten.
Aus ihrem Verhalten kann geschlossen werden, daß sie ihren begangenen Fehler erkannt und entsprechende Lehren daraus gezogen hat. Danach steht zu erwarten, daß sie sich auch während einer Bewährungszeit so verantwortungsbewußt verhalten wird, daß auch für die Zukunft mit einer gewissenhaften Erfüllung ihrer Pflichten als Bürger unseres Arbeiter-und-Bauern-Staates gerechnet werden kann.«
Susanne Petraschewski wird vorfristig am 25. Februar 1960 entlassen. Bevor sie ihre privaten Sachen wiedererhält, unterschreibt sie den ihr hingehaltenen Vordruck: »Ich werde mich des Gnadenerweises des Staatsrates der Deutschen Demokratischen Republik durch ehrliche Arbeit würdig erweisen und verpflichte mich, stets die Gesetze der Deutschen Demokratischen Republik einzuhalten.« Dann kehrt sie zu Kindern und Ehemann zurück nach Plauen in die Jößnitzer Straße 119.

Die Strategie der List

Karl-Marx-Stadt, 1960–1967

1. Wort und Tat (nach Jean de La Fontaine)

Die Mäuse in der Stadt liebten die Scheune des Bäckermeisters Semmelreich sehr, denn dort fanden sie Körner, Mehl und Zucker in Hülle und Fülle. Auch war die Backstube nicht weit von der Scheune entfernt, und die fleißigen Mäuschen hatten sich so manchen Zugang zu diesem verlockenden Raum genagt.

Der Bäckermeister Semmelreich hingegen liebte seine kleinen, fressfröhlichen Gäste gar nicht so sehr, denn er konnte die vielen angenagten Brote und Kuchen nicht mehr verkaufen. Um seine anhänglichen Plagegeister loszuwerden, schaffte er sich zwei Katzen an, welche den ungebetenen Eindringlingen ein elendes Leben bereiteten. Mit wahrer Leidenschaft jagten sie die kleinen Diebe. Viele von ihnen fanden den Tod, und die meisten, die sich retten konnten, verließen schleunigst Semmelreichs Brotparadies.

Einige Mäuse aber wollten das unerschöpfliche Körner- und Kuchenreich nicht kampflos aufgeben. Sie versteckten sich gut und ersannen immer wieder neue Tricks, um an die Nahrung heranzukommen.

Einmal hatten freche Buben die beiden Katzen einge-

fangen, und die Mäuse konnten sich wieder frei bewegen. Sie erkannten die günstige Gelegenheit und nutzten die Zeit. Eine Versammlung wurde veranstaltet, auf der über die beiden grimmigen Jäger beraten werden sollte.
Das älteste Mäuschen stellte sich auf seine Hinterbeine und sprach in ernstem Ton: »Die beiden Katzen vermauern uns unser sonst so süßes Leben. Lasst uns gründlich überlegen, wie wir uns von ihnen befreien oder wenigstens die Gefahr vermindern können.«
Alle Mäuse dachten angestrengt nach und zergrübelten sich ihr Mäusehirn. Sie machten vielerlei Vorschläge und verwarfen sie dann nach reiflicher Prüfung doch wieder. Lange hockten sie so beisammen.
Da sprang ein junger Mäuserich auf und trompetete mit seinem Piepsstimmchen: »Ich hab's, ich weiß, wie wir mit diesen gemeinen Leisetretern fertig werden.«
Gespannt schauten alle auf. »Es ist ganz einfach! Denkt an den Hund des Bäckermeisters, der ein Halsband mit Schellen trägt. Wir binden den beiden Katzen eine Glocke um den Hals, dann können sie uns nicht mehr überraschen, und wir hören immer, wann sie nahen und können uns rechtzeitig in Sicherheit bringen.«
Brausender Beifall brach los, und mit stürmischer Begeisterung wurde der Vorschlag angenommen. Sofort wurden zwei mutige Mäuschen in den Keller geschickt, denn man hatte dort einmal eine Schachtel entdeckt, in der der Bäckermeister Semmelreich ein altes Halsband von seinem Hund aufbewahrte. Von diesem sollten die beiden wackeren Mäuse zwei

Glöckchen abnagen und herbeibringen. Ein dritter tapferer Mäuserich bot freiwillig an, aus der Backstube zwei Bänder zu besorgen.
Während die drei Helden unterwegs waren, feierten die anderen Mäuse den klugen Mäuseknirps. Sie konnten ihn nicht genug loben, und bald waren sich alle darin einig, dass es nie zuvor einen so weisen Mäuserich gegeben hatte und dass man ihn mit hohen Ehren auszeichnen müsste.
Gerade hatte man beschlossen, ihm den großen Brezel-Orden zu verleihen, da hörte man ein Gebimmel, und die beiden Mäuse zerrten die Glocken herbei. Gleich darauf kam auch die dritte Maus zurück und zog einen langen Strick hinter sich her. »Der genügt für beide«, meinte sie und zerbiss ihn in der Mitte.
Der Mäuseälteste hatte die ganze Zeit über geschwiegen und düster vor sich hingestarrt. Er hatte in seinem Leben schon so viele böse Erfahrungen gemacht, dass er ein misstrauischer, verschlossener Tropf geworden war. »Klug ist unser kleiner Held«, raunzte er, »das ist nicht zu bezweifeln. Er ist der weiseste von uns allen und wird uns bestimmt jetzt noch verraten, wie er diese Warnsignale den beiden großen Jägern um den Hals bindet.«
»Wieso ich?«, prustete der kleine Wicht aufgebracht. »Ich hatte bereits eine Idee. Jetzt seid ihr an der Reihe. Strengt euch auch einmal an.«
Da erhob sich ein wildes Gezeter, und alle schrien durcheinander: »Ich habe ein Glöckchen besorgt!« – »Ich auch!« – »Ich habe den Strick gemopst.« – »Ich

bin doch nicht lebensmüde!« – »Ich auch nicht.« – »Das ist zu gefährlich!« – »Viel zu gefährlich!«
Der kleine Prahlhans zog sich aber verlegen in seinen Schlupfwinkel zurück.
»Passt auf, die Katzen!«, rief auf einmal einer, und die Versammlung stob auseinander. »Leeres Gerede«, brummte der Mäuseälteste und zog ein Mäusekind am Schwanz in sein Nest, das in der Aufregung sein Loch nicht finden konnte und einer Katze fast in die Fänge gelaufen wäre, »was nützen die klügsten Worte, wenn man sie nicht in die Tat umsetzen kann.

2. Frauen und Kinder

Das Jahr 1960 beginnt überdurchschnittlich kalt: 12 Grad minus zeigt das Thermometer, auf der Zugspitze misst man minus 29 Grad. In Bonn teilt das Bundesvertriebenenministerium mit, dass man in den letzten zehn Jahren 48 Millionen D-Mark für die Integrierung von Flüchtlingen ausgegeben hat. Die Volkszählung ergibt, dass in der Sowjetunion 1,6 Millionen Deutschstämmige leben. John F. Kennedy gibt bekannt, dass er im November bei der Wahl für das Präsidentenamt der USA kandidieren wird. Beide deutsche Staaten haben sich auf eine gemeinsame Flagge bei den Olympischen Winterspielen in Squaw Valley geeinigt. Helga Haase (DDR) im Eisschnelllauf und Heidi Biebl (BRD) im alpinen Abfahrtslauf werden erste gesamtdeutsche Olympiasiegerinnen. Literaturnobelpreisträger Albert

Camus verunglückt bei einem Autounfall tödlich. In Ägypten beginnt man mit dem Bau des Assuan-Staudammes. Bei einem Grubenbrand in Zwickau sterben am 22. Februar 123 Bergleute im Schacht »Karl Marx«. Bundespräsident Heinrich Lübke besucht Westberlin, Konrad Adenauer wird von Papst Johannes XXIII. empfangen. Die DDR gründet den Nationalen Verteidigungsrat unter dem Vorsitz Walter Ulbrichts. Jacques Piccard und Don Walsh sinken mit ihrem Tauchboot fast 11 000 Meter zum tiefsten Punkt unter dem Meeresspiegel. Die erste sowjetische Mehrstufenrakete erreicht eine Flughöhe von 12 500 Kilometer. Die Benzinpreise steigen in der BRD für Super auf 66 Pfennig pro Liter. Weltweit erscheinen 8000 Tageszeitungen in einer Auflage von 250 Millionen Exemplaren. Rocco Granata und Will Brandes stehen mit »Marina« auf Platz 1 der deutschen Charts: »Wunderbares Mädchen, bald sind wir ein Pärchen, komm und lass mich nie alleine, oh, no, no, no, no, no«. Im Januar 1960 beginnt in Chemnitz eine Serie von Sexualstraftaten, die erst siebeneinhalb Jahre später Aufklärung und ein Ende finden wird.

»Votze! Komm! Ficken!« Langsam ergriff die Frauen Panik in der Stadt, denn es hatte sich herumgesprochen, dass trotz tiefster Temperaturen, Schnee und Eiseskälte seit Jahresbeginn ein Mann Frauen erschreckte, indem er sich entblößte, anrüchige Worte flüsterte und sich ihnen unsittlich näherte. »Hab keine Angst, Liebling!«

So erscheint, erst eine Woche nach dem Geschehen, am 15. Februar 1960 die Schaffnerin vom Bahnhof Hilbersdorf der Deutschen Reichsbahn, Roswitha Damaschke, auf dem Polizeirevier, um Anzeige gegen unbekannt zu erstatten und berichtet:

»Familienname:	Damaschke
Vornamen:	Roswitha Annelie
geb.:	22.9.1939 in Chemnitz
wohnhaft:	Karl-Marx-Stadt, Müllerstraße 38

Am Dienstag, den 9.2.1960, gegen 18.30 Uhr, wurde ich durch eine mir unbekannte männliche Person an der Eckstr. vor dem Grundstück Nr. 2 unsittlich belästigt, indem diese Person sich entblößte. An diesem Tage befand ich mich auf dem Weg zu meiner Freundin an der Lohrstr. in Karl-Marx-Stadt. Als ich die Eckstr. von der Müllerstr. aus eingebogen war und in Höhe des Grundstückes Eckstr. 2 mich befand, sah ich vor der Haustür des Grundstückes einen Unbekannten stehen. Ich sah, daß der Unbekannte sich entblößt hatte und an seinem G.T. (Geschlechtsteil) onanierte. Dabei sagte er zu mir, als ich vorüberging, ›Votze‹, ›ficken‹ und trat ein oder zwei Schritte zu mir heran. Ich sagte zu dem Unbekannten: ›Du bist wohl verrückt?‹ Daraufhin bin ich weitergelaufen, und als ich mich umdrehte, sah ich den Unbekannten nicht mehr. Wohin er gelaufen ist oder ob er überhaupt weglief, weiß ich nicht, habe auch keine Schritte gehört.

Am Mittwoch, den 10.2.1960, gegen 20.15 Uhr, kam ich von meiner Freundin, um nach Hause zu gehen.

Als ich wieder an dem Grundstück vorbei mußte, stand der Unbekannte wieder vor dem Haus. Er hatte sich wieder entblößt und flüsterte mir etwas zu, was, habe ich nicht verstanden. Ich habe sofort angefangen zu schimpfen und blieb vor dem Haus stehen, weil ich einen Mann von der Further Str. her kommen sah. Als der Mann an der Haustür heran war, knöpfte der Unbekannte seine Hose zu und lief in Richtung Eckstr. nach der Garreisstr. weg. Der Mann, welcher hinzu kam, und ich waren z. Zt. nicht entschlußkräftig, anstatt wir den Namen des Unbekannten festgehalten haben, ließen wir ihn laufen.«
Die Täterbeschreibung der Roswitha Damaschke lautet: »scheinbares Alter 30–40 Jahre, ungefähr 1,75 m groß, schlank, er trug einen Wintermantel, grau-weiß-schwarz im Zickzackmuster, dkl. Hut«. Aber sie sagt auch: »Ob ich den Mann an Hand von Lichtbildern wiedererkennen kann, weiß ich nicht.
Vermerk: Bei der anschließend durchgeführten Lichtbildvorlage erkannte die Geschädigte unter den ihr vorgelegten Lichtbildern den Täter nicht bezw. liegt er noch nicht ein« – und ist der Polizei noch unbekannt. Wahrscheinlich ein Ersttäter oder Zugezogener.

Wie in allen vorangegangenen Fällen, so werden auch in diesem »Sofortmaßnahmen zur Ergreifung des Täters (Entblößer) auf der Eckstraße am 24.2.1960« eingeleitet:
»In der Helferschulung wurden die VP.-Helfer des Abschnittes 38/5 darauf hingewiesen, ihre Streifen beson-

ders in der Umgebung des Zöllnerplatzes, Müllerstraße, Eckstraße und Garreisstraße zu verlegen. Laut Vorgang hat sich am 9.2.1960 in den Abendstunden eine männliche Person gegenüber Frauen entblößt. Diese Maßnahme wurde eingeleitet, um den Täter zu fassen.«

Außerdem halten die Ermittler neun Tage später Rücksprache mit Roswitha Damaschke, um von ihr vielleicht noch weitere Anhaltspunkte zur Identifizierung des Täters zu erhalten. Die Zeugin scheint ihnen selbstbewusst und eine gute Beobachterin zu sein: »Mit der Geschädigten wurde eine Aussprache geführt, ob sie bereit sei, eine Observation am Tatort mit durchzuführen, um den Täter zu fassen. Diese Observationen werden dann mehrere Tage an bestimmter Zeit durchgeführt. Dazu werden außerdem noch VP.-Helfer mit eingesetzt.«

Die Kriminalpolizei fasst die Ergebnisse der »Überwachung auf der Müllerstraße und Eckstraße in der Form von Sondereinsätzen zur Ergreifung des Entblößers« zusammen: »In der Zeit vom 27.2.1960 bis 3.3.1960 wurden in den Abendstunden in unbestimmten Zeiten Helferstreifen eingesetzt, um irgendwelche Anhaltspunkte oder Hinweise zu erhalten, die darauf schließen lassen, daß der Täter in unmittelbarer Umgebung sich aufhält oder nochmals an diesem Ort auftreten wird. Diese Einsätze blieben jedoch erfolglos, der Täter hat sich noch nicht wieder an diesem Ort gezeigt, weder noch aufgetreten.« Die Sondereinsätze zum konkreten Fall werden am 7. März 1960 eingestellt.

Denn bereits einen Tag nach Roswitha Damaschke meldete sich auf dem Polizeirevier die

»Familienname:	Pohl, geb. Merseburger
Vorname:	Hannelore
geb.:	2.2.1909
wohnhaft:	Karl-Marx-Stadt, Jahnstr. 74
Beruf:	Arbeiterin (Fahrzeugelektrik Karl-Marx-Stadt, Fr.-Engels-Str. 83)

Sie zeigt an: Ich bin am 12.2.1960, gegen 1.30 Uhr, in Karl-Marx-Stadt, Augustusburger Str. / Ecke Jahnstr. in der Nähe der Lichtspiele *Weiße Wand* von einem Entblößer belästigt worden. Als ich am Donnerstag in der Nacht zum Freitag von meiner Arbeitsstelle kam, begegnete mir an der Ecke Jahnstr. eine verdächtige männliche Person, welche eine ganze Weile neben mir herlief. Ich stellte fest, daß er sich entblößt hatte. Als ich stehen blieb, ging er kurz an mir vorbei, indem er mich mit seinem Geschlechtsteil fast streifte. Die männliche Person gab sehr komische Laute von sich und verrichtete vor mir in einer Entfernung von ca. 1½ Meter seine Notdurft. Ich bin darauf in schnellem Tempo die Jahnstr. hochgerannt und ganz aufgeregt in meine Haustür reingegangen. Als ich am andern Tag zur Arbeit kam, habe ich diesen Vorgang meiner Mitarbeiterin Bärbel Potthoff, Karl-Marx-Stadt, Peterstr. 23 wohnhaft, erzählt. Sie teilte mir darauf mit, daß sie in der Nacht vorher, in der gleichen Zeit, ebenfalls dieselbe verdächtige Person gesehen hätte, jedoch habe er sich bei ihr nicht entblößt. Die männliche Person war sehr groß und schlank, er trug eine schwarze Brille mit sehr großen Gläsern, er trug einen dunklen langen Mantel und einen schwarzen Hut, welchen er sehr weit in das Gesicht gezogen hatte, so daß man die Gesichtszüge schlecht erkennen konnte. Er trug Stiefel und Stiefelhose. Scheinbares Alter ca. 45 Jahre.«

Und keine 24 Stunden später erschien:

»Familienname:	Eisenblatt, geb. Wunderlich
Vornamen:	Ilse Erika
geb.:	20.12.1937
wohnhaft:	Karl-Marx-Stadt, Blankenauer Str. 17
Beruf:	Trikotagenarbeiterin (VEB Trikotex, Wittgensdorf)

Und zeigt an, daß sich am 17.2.1960, gegen 0.30 Uhr, im Beisein von noch 2 Arbeitskolleginnen auf der Schloßteichstraße in Höhe der Hechlerstr. eine ihr unbekannte männliche Person vor ihnen entblößt habe.

Diese Woche habe ich Spätschicht. Nach Arbeitsschluß, welcher gegen 24.00 Uhr ist, werden sämtliche auswärtig wohnenden Betriebsangehörige mittels Betriebsomnibus nach Hause gefahren. Betriebsangehörige, die in Karl-Marx-Stadt wohnen, werden nur bis zur Bürgerstraße gebracht. Von da ab begeben sich diese zu Fuß nach Hause. Am 17.2.1960 waren wir gegen 0.15 Uhr an der Bürgerstraße aus dem Bus gestiegen und begaben uns zu Fuß, meine beiden Arbeitskolleginnen und ich, nach Hause.

Unser Weg führt uns die Leipziger-, Bergstr. bis zur

Salzstraße. Biegen dort in die Inselstraße ein und steigen dann die Inseltreppen hinab. Laufen dann die Schloßteichstraße in Richtung Müllerstraße entlang. An diesem Tag, als wir die letzten Stufen der Inseltreppe hinabstiegen, sahen wir, wie eine männliche Person von der Schloßteich-Insel kam und in derselben Richtung, die wir gehen wollten, seinen Weg fortsetzte. Als wir die Schloßteichstraße in Höhe der Hechlerstraße überquerten und auf der anderen Seite unseren Weg fortsetzen wollten, blieb diese männliche Person stehen und zeigte uns sein entblößtes Geschl-------.
Meine Arbeitskolleginnen und ich sind vor lauter Schreck so ca. 10 bis 20 m gerannt. Als wir uns etwas gefaßt hatten, drehten wir uns um, jedoch diese Person war uns nicht nachgekommen und war auch nicht mehr sichtbar.
Danach setzten wir unseren Heimweg fort, ohne irgendwelche Vorkommnisse. Die Namen meiner beiden Arbeitskolleginnen sind mir unbekannt. Ich kenne sie nur mit dem Vornamen.
Die Brigitte wohnt in Karl-Marx-Stadt, in Höhe des Thomas-Mann-Platzes, und die Edith, Karl-Marx-Stadt, Blankenauer Straße 11.
Personenbeschreibung: ca. 45 Jahre alt / ca. 1,80 m groß / schlanke Gestalt / schmales Gesicht, bekleidet war diese Person mit einem dunklen Herrenwintermantel. Ob diese Person einen Hut auf hatte, kann ich nicht behaupten. Trotz daß der Mantel offen war, kann ich nicht angeben, was für einen Anzug dieser Mann trug.«

Fortan wird auch in der Innenstadt um den Schlossteich hin zur Chemnitzer Innenstadt, um Roten Turm und Oper von der Polizei und ihren freiwilligen Helfern öfter als üblich Streife gelaufen. Man hält fest:
»Protokoll vom 25.2.1960
Überwachung des Tatortes. Am 25.2., in der Zeit von 0.00–2.00 Uhr, wurde im Zuge der Streifentätigkeit der Tatort Schloßteichstraße–Hechlerstraße überwacht, ob verdächtige Personen wahrnehmbar sind. Trotz intensiver Beobachtung konnten diesbezüglich keine Feststellungen gemacht werden.«
Gleichzeitig vermerken die Ermittler:
»Aufnahme von Verbindung mit dem Nachbar-ABV
Da im eigenen Abschnitt keine angefallenen Sittlichkeitsverletzer bekannt sind, wurde am 25.2.1960 diesbezüglich mit AB VP.-Mstr. Albert des Nachbarabschnittes Rücksprache geführt. Genosse Albert konnte den Merker, Hajo, wohnhaft: Dorotheenstr. 28, und den Ermisch, Wilhelm, wohnhaft: Dorotheenstr. 31, nennen. Beide scheiden jedoch als Verdächtige aus, da Merker zur Zeit in Haft ist und Ermisch auf die Personenbeschreibung nicht zutrifft, weil er sehr klein ist.«

»Votze! Komm! Ficken!« Doch mehr und mehr Frauen stellen Strafanzeigen, und es scheint stets derselbe Täter zu sein, der inmitten der Stadt sein Unwesen treibt. An einen Ort scheint er nicht gebunden, auch hat er wenig Angst vor der Entdeckung. Er tritt zwischen Häusern auf, wo zufällig Passanten ihn entdecken könnten. Er steht hinter Bäumen in Parks und präsentiert »sein Gemächt«. Vorlieben sind bei seinen Belästigungen nicht erkennbar: Frauen jeden Alters, jeder Figur und Haarfarbe werden seine Opfer. Gerüchte grassieren. Bereits öffentlich üben Bürger Kritik an der ineffektiven Arbeit der Deutschen Volkspolizei. Die Ermittler stehen unter Druck, und ihnen wird parteilich noch mehr Druck gemacht. Es widerspricht dem eigenen Selbstverständnis der Republik, denn kein Mensch darf und muss sich in der sozialistischen Gesellschaft ängstigen.

Doch der Strom der Frauen, die bei der Polizei erscheinen und immer Gleiches erzählen, nimmt kein Ende. So meldet sich Christiane Opitz (geb. 1939) und berichtet, was ihr nach einem Opernbesuch am 17. März 1960, 23.30 Uhr geschah: »In der Mitte der Josephinenstr. sah ich eine Person an einem Baum stehen. Als ich dieser Person näher kam, kam dieser auf mich zu und stellte sich unmittelbar vor mich hin, so daß ich nicht weitergehen konnte. Er stand ca. ½ bis 1 m vor mir und hatte sein Geschlechtsteil aus der Hose heraushängen und onanierte daran. Vor Schreck habe ich einen kurzen Moment dort gestanden, und als ich seitwärts weggehen wollte, ließ er mich nicht an ihm vorbei, dabei onanierte er jedoch immer weiter. Ich drehte mich kurzentschlossen um und ging weg. Ich glaube nicht, daß der Unbekannte mir nachgegangen ist.«

Auch die Verdächtigungen nehmen zu. Nachbarn denunzieren Nachbarn. Unliebige Personen werden an den Pranger gestellt. Anonyme Briefe erreichen die Dienststellen. Die Polizei kontrolliert alle einschlägig vorbestraften Männer. Vor allem in den Parkanlagen und in Zentrumsnähe intensiviert sie nochmals ihre Streifen. Sie bittet ihre Helfer, unauffällig herumzufragen, um auf diese Weise Ansatzpunkte für ihre Ermittlungen zu erhalten. Allein, keine ihrer Aktionen ist von einem Ermittlungserfolg gekrönt. Die Anzeigen aber reißen nicht ab. Die Tatzeiten variieren, so dass eine Regelmäßigkeit nicht feststellbar ist. Und der Täter weitet seinen Aktionsradius über die Innenstadt hinaus aus.

»Votze! Komm! Ficken!« Greta Woydt (geb. 17.6.1929) gibt am 26. August 1960 zu Protokoll: »Ich wurde von der Helbersdorfer LPG zum Stadtpark von einem Moped verfolgt. Ich drehte mich um und sah einen Mopedfahrer kommen, welcher aber seinen Motor vom Moped abgestellt hatte. Ich trat zur Seite, da der Weg dort so ausgewaschen ist, um den Mopedfahrer vorbeifahren zu lassen. Er fuhr auch weiter, und ich wunderte mich, warum er seinen Motor nicht laufen ließ, da ja weiter unten das Moped nicht mehr ohne Motorenkraft rollen kann, da gerade Straße kommt. Ich sah ihn dann noch, wie er in den Gartenweg einbog, der an sich nur für Gartenbesitzer benutzbar ist. Diesen Weg überkreuzte ich auf meinem Arbeitsweg. Als ich nun an diesen Weg heran war, stand plötzlich der Mopedfahrer auf diesem Weg und hatte sein Geschlechtsteil vollkommen entblößt. Er stand in Blickrichtung zu mir, so daß ich ihn unbedingt sehen mußte. Sein Moped hatte er an den Zaun gelehnt gehabt.

Angesprochen oder irgendwelche Laute von sich gegeben, um mich auf ihn aufmerksam zu machen, hat er nicht getan.«

Auch im neuen Jahr 1961 gibt es weitere Anzeigen. Am 6. Januar gibt der Behördenangestellte Max Küpper (geb. 17.3.1930) zu Protokoll, »daß sich am 3.1.1961 gegen 7.10 Uhr eine unbekannte männliche Person hinter dem Heizkraftwerk Karl-Marx-Stadt vor einer Frau entblößte«.
Am selben Tag auf einer anderen Polizeistation »teilt die Lehrerin Frau Bohl, Gertrud, geb. am 29.10.1912, wohnhaft in Karl-Marx-Stadt, Dreisdorfer Str. 10, mit, daß sich am 3.1.1961 gegen 7.10 Uhr eine unbekannte männliche Person vor ihr entblößte. Sie ging an dem Tage zur Schule und nutzte den ›Schwarzen Weg‹ hinter dem Heizkraftwerk. Als sie in Höhe des Überganges über die Schienen war, stand dort eine männliche Person und entblößte sich vor ihr.«

Es verwundert nicht, dass der Unmut über die Erfolglosigkeit der kriminalpolizeilichen Ermittlungen unter den Bewohnern von Karl-Marx-Stadt wächst: Denn auch Kinder wurden Opfer dieses Sexualstraftäters. »Votze! Komm! Ficken!«, sagte er zu erwachsenen Frauen. Bei den Mädchen unter zehn Jahren blieb es nicht bei diesen Worten. Der Täter forderte sie zum Handeln auf.
Es ist der Morgen des 20. Januar 1960, als die Mutter und »Hausfrau

Familienname:	Hampel, geb. Willmers
Vorname:	Hildegard
geb.:	16.6.1929 in Wittgensdorf
wohnhaft:	Karl-Marx-Stadt, Philippstr. 15«

auf dem Polizeirevier erschien und aufgebracht meldete: »Am Dienstag, den 19.1.1960, 17.30 Uhr, wurde meine Tochter Bettine, 7 Jahre alt, von einem unbekannten Mann im Hof des Hausgrundstückes Karl-Marx-Stadt, Philippstr. 17, zu unsittlichen Handlungen aufgefordert. Es wurde mir durch meinen Pflegesohn Dieter bekannt, daß meine Tochter Bettine von einem Unbekannten aufgefordert worden wäre, dessen G.T. (Geschlechtsteil) aus der Hose zu nehmen. Die Bettine hätte dies dem Dieter erzählt. Auf mein Befragen sagte mir meine Tochter Bettine, daß sie ein Mann, als sie Zigaretten geholt habe, sie mit in das Grundstück Philippstr. Nr. 17 in den Hof genommen habe. Der Mann habe ihr ein Stück Schokolade gegeben und dann von ihr verlangt, daß sie dessen G.T. aus der Hose holen sollte. Das habe aber meine Tochter nicht gemacht und sei aus dem Hof zur Straße gelaufen und von dort nach Hause. Meine Tochter Bettine erzählte mir noch, daß der Mann ein anderes Mädchen mit in das Grundstück genommen habe, als sie weggelaufen sei. Weitere Angaben«, sagte die Mutter, »kann meine Tochter selbst machen.«

Sofort wird das »Ermittlungsverfahren wegen Unzucht mit Kindern« eingeleitet und protokolliert:

»Familienname:	Hampel
Vorname:	Bettine

geb.:	4.1.1953 in Falkensee, Osthavelland
wohnhaft:	Philippstr. 15
Beruf:	Schülerin
Schule:	Lessingschule, Klasse 1a, Lehrer Schoberlein
Vater:	Gottfried, Heizer bei Dr. R. Schönherr, Schmirgelwerk KG, Karl-Marx-Stadt, Draisdorfer Str. 6
Mutter:	Hildegard, Hausfrau«

Bettines Aussagen werden protokolliert:

»F: Bettine, kannst du mir noch erzählen, was du gestern erlebt hast?

A: Ja. Ich habe Zigaretten für meinen Vati geholt. Als ich wieder nach Hause gehen wollte, hat mich ein Mann angehalten und hat gesagt, ich soll einmal mit ihm in das Haus gehen.

F: Bis du da auch mitgegangen?

A: Ja. Der Mann ist mit mir bis in den Hof, er hatte mir aber schon auf der Straße ein Stück Schokolade gegeben. Im Hof sagte er zu mir, ich sollte einmal seinen Hosenstall aufmachen, er habe steife Finger. Ich habe es aber nicht gemacht. Da sagte der Mann, ich sollte seinen ›Poller‹ aus der Hose nehmen. Weil ich es nicht gemacht habe, sagte der Mann noch: ›Ich habe dir auch Schokolade gegeben!‹«

Fortan steht die Lessingschule während der Unterrichtszeit und des Kinderhorts von 6 bis 16 Uhr unter polizeilicher Beobachtung. Ergebnisse zeitigt die

Maßnahme keine. Vielmehr erstattet, kaum fünf Wochen später, eine weitere besorgte Mutter fast identische Strafanzeige.

Am 26. Februar 1960 auf dem Polizeirevier erscheint:

»Familienname:	Neumann, geb. Thölert
Vornamen:	Anneliese, Bertha
geb.:	18.2.1917 in Harthau
wohnhaft:	Karl-Marx-Stadt, Ritterstr. 4

und teilt mit, daß ihre Tochter

Familienname:	Neumann
Vornamen:	Juliane Charlotte
geb.:	6.4.1955 in Karl-Marx-Stadt
wohnhaft:	wie Mutter,

am Donnerstag, den 25.2.1960 in der Zeit zwischen 18.15 bis 18.30 Uhr von einer unbekannten männlichen Person in Karl-Marx-Stadt, Ritterstr. 2, unsittlich belästigt wurde, in dem er sie auf dem Fußboden des Kellers des Hausgrundstücks Ritterstr. 2 legte, ihr die Strumpfhose und Schlüpfer herunterzog und ihr G.-Teil leckte. Meine Tochter geht tagsüber in den Kindergarten Rembrandtstr. Der Aufenthalt im Kindergarten beläuft sich auf die Zeit von 6.00 Uhr bis 16.15 Uhr. Am 25.2.1960 war meine Tochter vermutlich 18 Uhr bei der Familie Almerdinger, Annenstr., und spielte dort mit dem Kind Almerdinger, Ellinor, welche ebenfalls tagsüber im gleichen Kindergarten ist. Meine Tochter war das erste Mal bei der Familie Almerdinger. Am 25. betrat sie gegen 18.30 Uhr die elterliche Wohnung und teilte mir dabei das Obenangegebene mit. Ich habe daraufhin meine Tochter genau angesehen und stellte fest, daß bei ihr drei Strumpfhalter ab waren. Um welche Strumpfhalter es sich hierbei handelt, kann ich heute nicht mehr angeben. An meinem Kind Juliane konnte ich keine Gewalttätigkeiten feststellen. Meine Tochter teilte mir noch mit, daß die männliche Person ca. 35 Jahre alt sein soll, er soll mit einem braunen Mantel und einem braunen Hut bekleidet gewesen sein, weiterhin soll die unbekannte männliche Person eine Aktentasche bei sich geführt haben. Die Farbe wird ebenfalls mit braun angegeben. Meine Tochter gab noch an, daß der Unbekannte sie auf dem Spielplatz an der Ritterstr. angesprochen haben soll. Der unbekannte Mann gab ihr zwei Stück Schokolade, diese hat meine Tochter gegessen, dabei führte er sie in den Keller des Hausgrundstückes Ritterstr. 2, welches das Nebengrundstück meiner Wohnung ist. In diesem Gebäude legte er sie auf den Fußboden, zog ihr die Strumpfhose wie die Schlüpfer herunter und beleckte ihr G.-Teil. Vorher hatte er Licht im Keller eingeschaltet. Wie schon erwähnt, konnte ich keine Gewalttätigkeit an meiner Tochter feststellen. Auch gab sie mir gegenüber an, daß er nicht mit dem Finger oder seinem G.-Teil an sie gekommen ist, sondern er hat mit der Zunge ihr G.-Teil beleckt. Der unbekannte Mann soll meine Tochter noch vom Fußboden aufgehoben haben und hat sich ohne weitere Worte entfernt. Meine Tochter betrat gegen 18.30 Uhr die elterliche Wohnung. Die Angaben meiner Tochter Juliane erscheinen mir glaubwürdig, in ihren Redewendungen ist sie ehrlich.«

In Anwesenheit der Mutter wird die Fünfjährige am Sonntag, den 28. Februar befragt:

»F: Juliane, wo hat dich denn der Mann angesprochen, der dich mit in den Keller genommen hat?

A: Der Mann hat mich im Sandkasten, welcher im Hof bei uns ist, angesprochen. Ich habe dort gestanden.

F: Was hat der Mann zu dir gesagt?

A: Hier hast du ein Stück Schokolade und gehe jetzt mal mit nach Hause. Ich bin dann mitgegangen, und der Mann ist mit mir in den Keller des Nebenhauses gegangen.

F: Hat der Mann den Keller aufgeschlossen oder war er auf, und was hat er dann im Keller gemacht?

A: Der Keller war auf, und der Mann hat Licht gemacht. Dann hat er mir noch ein Stück Schokolade gegeben und mich auf den Fußboden gelegt. Dann hat er mir die Hosen runter gezogen und an meiner Pollo geleckt.

F: Hat der Mann noch was anderes gemacht?

A: Nein, der Mann hat nichts weiter mit mir gemacht. Der hat mich dann wieder aufgehoben, die Hosen hoch gezogen und noch ein Stück Schokolade gegeben. Die Schokolade habe ich auch gegessen.

F: Was hat der Mann dann gemacht und wo ist er hingegangen?

A: Der Mann hat das Licht ausgeschaltet, ist mit mir bis zur Haustür gegangen und sagte, ich soll jetzt nach Hause gehen. Ich habe gesehen, daß der

Mann wieder über den Spielplatz zur anderen Straße links gegangen ist (Clara-Zetkin-Str.). Dann bin ich gleich zu meiner Mutter gegangen und habe das erzählt.

F: Was hat denn der Mann angehabt?

A: Der hatte einen braunen Mantel, braunen Hut an und eine braune Aktentasche bei sich.

F: War der Mann groß oder klein?

A: Der war so groß wie mein Bruder. (Dieser ist 1,70 m groß.)

F: Warst du allein im Sandkasten oder waren noch andere Kinder da?

A: Ich war alleine dort und habe niemand weiter gesehen.

Anmerkung: Der Sandkasten bzw. Spielplatz befindet sich zwischen dem Neubaublock an der Zschopauer Str. und Ritterstr. Die Angaben des Kindes erscheinen glaubwürdig. Von seiten der Mutter ist nichts mehr hinzuzufügen.«

Dass Kinder von einem Mann missbraucht werden, den die Kriminalpolizei nicht fassen kann, ist der Bevölkerung schwer zu erklären. Unmut äußert sich zunächst privat, doch bleibt er den offiziellen Stellen nicht verborgen.

Erfolge können die Ermittler noch immer nicht vermelden, obwohl sie eine genaue Personenbeschreibung haben, denn stets schildern die Zeugen den Täter gleich: Aktentasche, Hut und Mantel. Schmales Gesicht, durchschnittlich groß, körperlich eher schmächtig. Haarfarbe ungewiss, der Mann trägt meistens eine Kopfbedeckung. Auch die Vorgehensweise gleicht sich: Die Kinder werden angesprochen, er schenkt ihnen Schokolade. Wenn die Kleinen Vertrauen gefasst haben, missbraucht er sie. Angst vor Entdeckung scheint er nicht zu haben. Die Ermittler sind gewiss, dass es stets ein und derselbe Täter ist. Wieder und wieder schlägt er zu auf offener Straße und in Parks. Und die Ermittler wissen um die Gewaltspirale solcher Psychopathen: Um den gleichen Lustgewinn wieder zu erreichen, müssen die Handlungen brutaler und brutaler werden. Sie werden es. Wieder ist es ein Kind, kaum fünf Jahre ist es alt. Diesmal tut der Unbekannte dem Kinde mehr an, als er es vorher getan hat. Bei der Polizei erscheint

»Familienname:	Amthor
Vornamen:	Horst Wilhelm
geb.:	24.8.1930
wohnhaft:	Karl-Marx-Stadt, Altenhainer Str. 1b
Beruf:	Ziegelsetzer

und gibt an: Am 30.3.1960 gegen 18.30 Uhr schickte ich meine fünfjährige Tochter nach Zigaretten. Aus diesem Grunde schaute ich meiner Tochter aus dem Fenster nach, um zu sehen, ob sie sicher über die Str. geht. Bei dieser Gelegenheit stellte meine Frau fest, daß eine mir unbekannte männliche Person meine Tochter an der Hand führte. Ich war der Ansicht, er wollte sie über die Str. bringen. Diese männliche Person hatte eine ungefähre Größe von 1,75 bis 1,80 Meter. Er war bekleidet mit einem hellen Mantel, dunklem Hut und hatte in der Hand eine Aktentasche. Die Farbe der Aktentasche kann ich nicht mehr nennen. Als meine Tochter nach ca. 15 Minuten nicht wieder zurück war, ging ich meiner Tochter entgegen. Unterwegs habe ich sie getroffen und gefragt, wo sie solange geblieben ist. Sie gab mir die Antwort, daß die männliche Person sie bis zum Laden begleitet hätte. Erst nachdem ich sie gefragt habe, was diese männliche Person mit ihr gemacht hat, gab sie mir folgende Auskunft. Der Mann hat sie in das Hausgrundstück Bernsdorfer Str. 18 mitgenommen. Im Haus hat er meiner Tochter Schokolade gegeben, und sie ausgezogen. Zu diesem Zwecke mußte sie sich auf die Treppe stellen. Der Mann forderte meine Tochter auf, sie solle ihm am Geschlechtsteil nutschen. Nach Aussagen meiner Tochter hat sie auch das Geschlechtsteil in den Mund genommen. Später soll dieser Mann sein Geschlechtsteil in das meiner Tochter gesteckt haben. Denselben Vorgang hat er nach den Angaben meines Kindes bei ihr im After getan. Danach hat er meiner Tochter noch ein Stück Schokolade gegeben. Nach diesem Geschehen hat er meine Tochter wieder angezogen und das Hausgrundstück verlassen. Er ist zur Straßenbahnlinie 3 gelaufen. Nachdem ich dieses von meiner Tochter erfahren habe, bin ich mit dieser in das Hausgrundstück Bernsdorfer Str. 18 gegangen. Auf dem Wege kam mir eine Frau entgegen und frug mich, ob das meine Tochter wäre. Als ich das bejahte, erhielt ich von dieser die Mitteilung, daß sie meine Tochter mit einer männlichen Person gesehen habe, welche meine Tochter ziemlich schnell aus dem Hausgrundstück Bernsdorfer Str. 18 gebracht habe. Bei dieser Frau handelt es sich um eine Mitarbeiterin des Schuhgeschäftes Beyer Karl-Marx-Stadt, Bernsdorfer Str. 18. Diese Frau muß der männlichen Person sehr nahe gegenüber gestanden haben, denn sie sagte, daß diese Person ein längliches Gesicht hatte. Diese Frau sagte noch zu mir, daß sie schon seit einiger Zeit eine männliche Person beobachtet, welche ihr auf diesem Gebiet verdächtig vorkommt.« Weitere Angaben kann der geschockte Vater der Polizei nicht machen. Die Einsatzkräfte des Reviers erstatten den Kriminalisten, die mit diesem Fall beschäftigt sind, Meldung. Sofort machen diese sich auf den Weg. Einer zur Zeugin, die Horst Amthor beschrieben hat.

»Familienname:	Kutschke, geb. Ulbricht
Vornamen:	Helga Elfriede
geb.:	10.6.1926

Am Mittwoch, den 30.3.1960, gegen 19 Uhr, kam ich vom Einkaufen zurück, und als ich unsere Haustür öffnete, kam aus dem Haus ein mir unbekannter Mann, welcher ein 5jähriges Kind bei sich hatte. Das Kind machte auf mich einen verängstigten Eindruck. Ich sagte zu dem Mann: ›Sie haben mich aber jetzt erschrocken!‹ Der Mann hat auf meine Worte nicht geantwortet, sondern zog das Kind aus dem Haus und sagte zu diesem: ›Los komm, du mußt noch Zigaretten holen.‹ Das Kind lief sehr zaghaft hinter dem Mann her, und ich ging in meine im ersten Stockwerk liegende Wohnung. Ich sah aber sofort von dort aus nochmals zum Fenster hinaus, sah aber nur das Kind in das Geschäft (HO Schnelleinkauf) gehen. Durch meine Tochter, welche in diesem Augenblick von der Straßenbahn kam, ließ ich in dem Laden nach dem Mann Ausschau halten. Meine Tochter sagte mir aber, daß der Mann nicht in dem Laden sei, sondern zur Straßenbahnhaltestelle Lutherstr. gegangen wäre. Von dort aus muß er in Richtung Stadtmitte gefahren sein.«

Man legt Helga Kutschke Fotos einschlägig Vorbestrafter vor. Die Zeugin glaubt auch, welche wiederzuerkennen. Nur sitzen die von ihr identifizierten Personen in Haft. Man nimmt ihre Beschreibung des Täters zu Protokoll, doch wie in allen Aussagen vorher – besondere Kennzeichen: keine.

»Familienname:	Amthor
Vornamen:	Ines Anna
geb.:	28.12.54

F: Ines, weißt du noch, was der Mann mit dir gemacht hat, der dich mit in ein Haus genommen hat?

A: Ja, der Mann kam an der Ecke (Luther-, Bernsdorfer Str.), als ich Zigaretten holen wollte. Er hat zu mir gesagt, ich soll mal mitgehen.

F: Bist du mitgegangen?

A: Ja, der Mann hat mir ein Stück Schokolade gegeben.

F: Wo seid ihr hingegangen?

A: In das Haus, wo der Schuhladen ist.

F: Was war denn dann?
A: Der Mann hat sein Pipel aus der Hose genommen und hat gesagt, ich soll mal dran lecken. Er hat mich auf die Treppe gestellt.
F: Hast du das gemacht?
A: Ja, der Mann hat mir noch mehr Schokolade gegeben.
F: Was hat der Mann weiter mit dir gemacht?
A. Der Mann hat gesagt, ich soll mal seinen Pipel angreifen, und ich habe auch mal angegriffen.
F: Machte der Mann etwas mit dir?
A: Der Mann hat meine Hosen heruntergezogen und hat an meiner Musch geleckt und auch sein Pipel in meine Musch getan.
F: Hat der Mann dies lange gemacht?
A: Nein, aber das Pipel war ganz groß und, wo er es an meine Musch getan hat, naß.
F: Was ist dann noch gewesen?
A: Der Mann hat sein Pipel wieder in die Hose getan und auch meine Hose hochgezogen. Dann kam eine Tante in das Haus, und der Mann hat zu mir gesagt: ›Komm, du mußt noch Zigaretten holen!‹ und hat mich mit aus dem Haus genommen.
F: Hast du dann die Zigaretten geholt?
A: Ja, in den Konsum (HO Selbstbedienungsgeschäft Bernsdorfer Str. 24).
F: Wo ist denn der Mann hingegangen?
A: Der ist nunter gegangen (stadtwärts).
F: Hast du den Mann wiedergesehen?
A: Nein.

F: Wie sah denn der Mann aus?

A: Ich weiß nicht mehr, aber meinem Vati habe ich gesagt, wie der Mann aussah. Er hat einen hellen Mantel an, und mehr weiß ich nicht.

Bei dem Anhören des Kindes war die Kindergärtnerin zugegen. Bei der Lichtbildvorlage war es dem Kind nicht möglich, den Täter unter den Vorgelegten herauszufinden bezw. liegt er noch nicht ein.« Immer dasselbe – es ist zum Verzweifeln.

Karl-Marx-Stadt weiß um diesen Täter, auch wenn es offiziell in Presse oder Rundfunk noch nicht vermeldet worden ist. Unterdrücken lassen sich solche Vorfälle jedoch nicht. Fortan beobachten Eltern und Erziehungsberechtigte sehr aufmerksam die Umgebung der Kindertagesstätten, Schulen, Spielplätze und Freizeitanlagen. So berichtet die Hausmeisterin der Altendorfer Schule, Karl-Marx-Stadt, Heilmannstr. 11: »Am Mittwoch, den 6.4.1960 gegen 11.30 Uhr wurden mehrere Schulmädchen im Alter von 7 Jahren von einem Unbekannten im Crimmitschauer Wald an dem Weg vom Küchwaldkrankenhaus nach der Bahnlinie Borna–Altendorf in der Höhe der Bahnlinie unsittlich belästigt, indem sich der Unbekannte vor den Kindern entblößte.« Ja, sie würde den Unhold wiedererkennen, sagt Hausmeisterin Amalie Zwarg, er sprach sehr hiesig, Akzent der Chemnitzer Gegend, wie ihn auch andere bemerkten. »Votze! Komm! Ficken!«

Von der Ferienaktion der Karl-Marx-Städter Luisenschule (Leonhardtstr. 3) wird am 19. Juli 1960 berichtet: »Wir Kinder haben mit den Jungens Fanger gespielt und auf einmal kam aus einem Gebüsch ein Mann heraus. Er setzte sich zu uns an den Bach und fragte uns, was wir hier Schönes machen würden. Wir haben ihm erzählt, daß wir Grenzer spielen und meine Schwester Beeren geholt habe.

F: Was hat der Mann noch zu euch gesagt?

A: Ob er auch eine Beere bekommen könnte.

F: Was machte der Mann noch bei euch?

A: Er hat sich in unser Gefängnis gesetzt, nahm seine Lollo heraus und legte seine Aktentasche darauf, und als noch mehr Kinder kamen, nahm er seine Tasche weg und zeigte uns seine Lollo.

F: Wie war denn dem Mann seine Lollo?

A: Sie war lang und groß.«

Die Jungen seien dann zur Lehrerin gegangen. Der Mann war schon länger um sie herumgestrichen. Gegenüberstellungen bleiben ohne Erfolg. Auch dieses Verfahren wird, wie alle anderen vorher, wegen mangelnder Ermittlungsergebnisse eingestellt. Für die Eltern ist das kein Trost. Die Pädagogen werden belehrt. Und so fort. Am 3. September 1960 wird eine Sechsjährige am Schlossteich angesprochen. Oktober. November. Dezember. In der Adventszeit ist es eine Elfjährige aus dem Hochhaus Promenadenstraße, zu der ein Mann sagt: »Petra, gehst du mit ficken? Wenn du mitgehst, bekommst du 100,-- DM.«

Die Vorfälle füllen Akten. Beim Genesungsspaziergang ums Küchwaldkrankenhaus wurden vom Sexualstraftäter Patientinnen besonders oft belästigt.

Manchmal kam er auf einem Motoroller, der Sturzhelm verbarg seine Züge. Ein andermal verfolgte er seine Opfer zu Fuß, der in die Stirn gezogene Hut ließ seine Gesichtszüge nicht erkennen. Der Mann tauchte auf und verschwand. Unerkannt. Trotz der Beschreibungen vieler Opfer, identifizieren kann ihn niemand. Ein Phantom, das keine Spuren hinterlässt. Polizisten waren nächtelang auf Streife. In Bars versuchte man seiner habhaft zu werden. Eine ganze Musikkapelle geriet unter Verdacht. An allen möglichen Orten, in Parks, am Feldrain, in Gartenanlagen, sichert man Spuren, Fußabdrücke, Zigarettenkippen. Der Entblößer belästigte Frauen reifen, mittleren und jungen Alters. Er missbrauchte Kinder. Tat ihnen Schlimmstes an.

»Votze! Komm! Ficken!« »Seit dem 3.1.1961, abends gegen 17.00 Uhr, ist das Kind Marion Fengler, geb. am 30.6.1952, aus Karl-Marx-Stadt abgängig. Es besteht Verbrechensverdacht.« Ist er auch dafür verantwortlich?

An jenem Tage in der Früh sahen mehrere Frauen den Entblößer an den Gleisanlagen, am Hauptbahnhof und Heizkraftwerk. Die Schule der Vermissten liegt nicht weit weg. »Die in der Umgebung des Fernheizkraftwerkes am 6.1.1961 durchgeführte Absuchung des Geländes längs des Schwarzen Weges, westwärts dieser Baustelle verlief ergebnislos. Auf Grund eines Ermittlungsauftrages in der Further Schule (Josephinenschule) wurde aber bekannt, daß am 3.1.1960, in der Zeit von 7.10–7.30 Uhr, ein unbekannter Entblö-

ßer aufgetreten ist. Dazu wurden folgende Zeugen ermittelt und befragt.
Die Lehrerin Haubold, Jutta, geb. Szymanski, geb. am 29.1.1912, wohnhaft Karl-Marx-Stadt, Draisdorfer Str. 10, hatte in der fraglichen Zeit den Schwarzen Weg in Richtung Further Schule von ihrer Wohnung aus begangen. Dabei hatte eine männliche Person mit entblößtem G.-Teil auf dem Bahnübergang zwischen Heizkraft- und Zementwerk unter einer brennenden Lampe gestanden. Er hatte, als sie allein vorbeiging, mit ›Guten Morgen‹ gegrüßt. Dadurch sei sie auf ihn aufmerksam geworden und habe bemerkt, daß er sein G.-Teil in den Händen gehalten hatte. Als sie an ihm vorbeigewesen war, traf sie eine entgegenkommende Frau. Diese hatte den Mann auch gesehen und mochte deswegen nicht an ihm vorübergehen. Frau Haubold hätte daraufhin den Mann mit der Drohung: ›Wir werden Ihnen gleich die Polizei auf den Hals schicken!‹ bedacht. Deshalb sei er im Bahngelände verschwunden, und beide Frauen hätten in entgegengesetzter Richtung ihren Weg fortgesetzt. Der Name der einen Frau ist nicht bekannt. In der Schule habe sich dann herumgesprochen, daß auch Kinder den Mann fast um die gleiche Zeit gesehen hatten.
Die Schülerin der 8. Klasse Brigitte Weber, geb. am 4.8.1946, Karl-Marx-Stadt, Draisdorfer Str. 31, welche in der gleichen Zeit etwas früher oder später an der Gleisüberführung auf dem Schwarzen Weg entlang lief, hatte gleichfalls den Mann gesehen, als er sein

G.-Teil entblößt hatte. Ihre Mutti hatte sie aufgefordert, schneller zu gehen, da sie den Mann wohl eher bemerkt hatte. Der Mann hatte ihr zugerufen: ›He, Kleine, bleib einmal stehen!‹

Die Schülerin Dorothée Quaas, geb. am 8.1.1947, Karl-Marx-Stadt, Glücksberg 37, hatte den Mann schon von weitem stehen sehen, als sie allein den Schwarzen Weg nach der Schule benützte. Er habe sie mit ›Liebling‹ angesprochen, und sie sei schnell weitergelaufen, deshalb konnte sie nicht konkret angeben, ob er sein G.-Teil draußen gehabt hatte.

In der bei allen 3 Genannten geführten Befragung zur Personenbeschreibung des Täters wurde folgende Beschreibung übereinstimmend in Erfahrung gebracht: Ca. 25–30 Jahre alt, blauer Schlosser- oder grauer Arbeitsanzug, vermutlich gefütterte Jacke, grau mit Knöpfen, Kopfbedeckung vermutlich Wintermütze mit herabhängenden Ohrenklappen. Ca. 1,70 m groß, kräftige Gestalt.

Der Täter kam aus dem Baugelände des Heizkraftwerkes gelaufen, und zwar aus der Umgebung der Schweißanlage des Turbinenbau Meißen. Dort habe er unter dem Firmenschild gegen 19.30 Uhr abends vermutlich gestanden, als die Brigitte Weber den Weg nochmals benützt hätte. Ihre Mutti arbeitet in der Poliklinik Göpelstr. Und ist auch daheim unter Ruf 45600 zu erreichen.«

Naheliegend erscheint, dass der Gesuchte vor Ort beschäftigt ist. So befehlen die Vorgesetzten der Ermittler:

»Übergabe an Genossen Harras vom BS Heizkraftwerk-Nord
Ermittlungen unter den Schweißern – welche Personen verkehren in der Nähe des beschriebenen Tatortes?
Auf welche Personen könnte die angegebene Personenbeschreibung zutreffen?
Verbindung aufnehmen zu Vertrauenspersonen, die im Verdacht des Entblößers stehen oder die bereits solche Handlungen durchführten.«
Und an Genossen Harras formuliert man: »Sie werden gebeten, die Arbeiter des obengenannten Betriebes, die im Heizkraftwerk Karl-Marx-Stadt arbeiten, in den Kaderakten zu überprüfen, ob einschlägig vorbestrafte Personen darunter sind. Besonders auf Sittendelikte mit Kindern achten. Weiterhin diese Arbeiter in ihrer B.-Kartei überprüfen. Termin: 16.1.1961. Jedoch arbeiten im Werk nicht nur Männer des Turbinenbaus aus Meißen, unter dessen Schild der Unbekannte stand. Vor Ort helfen Werktätige aus der ganzen Republik, unter anderem vom Förderanlagenbau Bautzen, vom Stahlbau Leipzig, vom Kranbau Köthen. Allein »unter den Berliner Arbeitern vom Stahlbau Berlin: 31 Personen in Karl-Marx-Stadt, von denen 5 wegen Diebstahl bzw. Körperverletzung oder Sachbeschädigung aufgefallen« sind.
Trotz »weiterer Zeugen für den Entblößer am Bahnübergang« und deren genauer Personenbeschreibung führen die ergriffenen »Sofortmaßnahmen mit Täterbeschreibung« zu keinem Ergebnis. Keinem Verdäch-

tigen kann man Taten beweisen. Marion Fengler bleibt verschwunden, trotz kriminalpolizeilichen Hilfeaufrufs am 5. Januar 1961 in der *Volksstimme:* »Achtjähriges Mädchen wird vermißt«.
Kaum glaublich, aber: Seit dem Verschwinden Marion Fenglers in jenem Januar 1961 taucht das Phantom nicht wieder auf. Der Entblößer ist verschwunden.

3. Wieder und wieder derselbe Alptraum

Der damalige katholische Bischof von Berlin, Alfred Bengsch, meint in seiner Silvesterpredigt: »Das Jahr 1961 ist trotz vieler Enttäuschungen ein Jahr des Heils und eine Zeit der Gnade gewesen. Die Hand Gottes kann schwer auf uns ruhen, aber es ist die Hand des Vaters.«
Am 1. Januar des neuen Jahres geht der Deutschlandfunk auf Sendung. Papst Johannes XXIII. exkommuniziert den kubanischen Regierungschef Fidel Castro. Auf das Haus des Philosophen Jean-Paul Sartre wird ein Sprengstoffanschlag verübt. Der Bundesgerichtshof wirft der Illustrierten *Quick* Landesverrat vor. *Frühstück bei Tiffany* kommt in die Kinos. Für den Film *Cleopatra* versichert man Leinwand-Diva Elisabeth Taylor mit 2,5 Millionen Dollar. Das bundesdeutsche Fernsehen sendet Francis Durbridges Straßenfeger »Das Halstuch«. Kabarettist Wolfgang Neuss verrät per Zeitungsannonce den Mörder. Ein Skandal. Gegenüber der US-amerikanischen TV-Ge-

sellschaft »Columbia« kündigt Walter Ulbricht an, dass für Ausländer, die Ostberlin besuchen wollen, ab jetzt Visumspflicht bestehe. Die Berliner Mauer steht fünf Monate und ist noch nicht an allen Stellen fest vermauert. In Großbritannien brechen die Pocken aus, auch in Düsseldorf stirbt eine Krankenschwester an der Erkrankung. Aufgrund des Kalten Krieges werden Rosenmontagsumzüge im Rheinland abgesagt. Peter Niemann singt an der Spitze deutscher Hitparaden: »Jana, schöne Mexicana, nimm dich in Acht in der Nacht, unbewacht, wenn das Glück dir lacht.« Die Karl-Marx-Straße in Bonn bekommt wieder ihren alten Namen: Maxstraße. Im sächsischen Karl-Marx-Stadt belästigt ein Entblößer Frauen. »Votze! Komm! Ficken!« Die Kriminalisten sind sich sicher: »Er ist wieder da!« Der Unbekannte, das Phantom, das bereits vor einem Jahr Frauen belästigte und Kinder missbrauchte. Man wünscht sich diesmal einen Fahndungserfolg.

Am 18. Januar erscheint:

»Familienname:	Reinhardt
Vornamen:	Olivia Liddy
Alter:	19 Jahre
angestellt:	Mitropa Gaststätte im Hauptbahnhof.

Am Mittwoch, den 17.1.1962, gegen 17 Uhr, befand ich mich auf dem Nachhauseweg von meiner Arbeitsstelle. Im Küchwald auf dem Schaftreibeweg bemerkte ich eine männliche Person, welche sich auf der rechten

Straßenseite hinter einem Baum zu schaffen machte. Als ich mich auf ca. 3 m dieser Person genähert hatte, trat diese hinter dem Baum hervor. Ich sah, daß diese männliche Person die Hose bis zu den Knien heruntergelassen und sein G.-Teil entblößt hatte. Ich bin schnell an dieser Person vorbei gelaufen, um mich so schnell wie möglich zu entfernen. Ich hatte mich ca. 5 m von dieser Person entfernt, als hinter einem Gebüsch eine andere männliche Person, die ich erst nicht bemerkt hatte, hervorkam und mir hinterher rannte. Er verfolgte mich bis auf den Ringweg und ließ dann von der Verfolgung ab.«

Ähnliches berichten andere geschädigte Frauen aus dem Stadtpark in Altchemnitz, aus dem Schlosspark und aus anderen Grünanlagen in der Stadt. Öfter entblößt sich der Mann in der Nähe der Lutherkirche. Fußspuren werden dort gesichert. Sie führen zu keinem Schuh, geschweige denn zu seinem Träger. Anzeige auf Anzeige erfolgt. Gerüchte werden gestreut, Geschichten erzählt. Parteigremien, kommunale und staatliche Behörden sind besorgt und fordern sofortige Aufklärung. Prävention betreibt man in Schulen und mittels der Presse. Das Phantom wird zum Monster. Die Polizei ist in Alarmbereitschaft und setzt alle verfügbaren Mittel ein. Nur habhaft wird sie dieses Sexualverbrechers nicht. Erfolglos bleiben die Ermittler Monat um Monat, Jahr um Jahr.

Die über siebzigjährige

»Familienname: Anders, geb. Herrmann

Vornamen: Annemarie
geb.: 18.10.1889
wohnhaft: Gornau, Anton-Günter-Str. 12

teilt mit, daß sie am Freitag, den 5.6.1964 gegen 14.00 Uhr von einer ihr unbekannten männlichen Person im Wald an der Bushaltestelle Dittersdorfer Höhe (Siedlung Ruhebank) mit einem Dolch bedroht und an ihr unzüchtige Handlungen vorgenommen wurden.

Am genannten Tag begab ich mich gegen 13.00 Uhr in das Waldgebiet an der Ruhebank. Meine Absicht war, ein bißchen spazieren zu gehen. Es kann gegen 14.00 Uhr gewesen sein, als ich an der Bushaltestelle Dittersdorfer Höhe ankam. Dort setzte ich mich auf eine Bank, um mich auszuruhen. Nach ca. 15 min lief ich weiter und benutzte den Weg durch den Wald, der zur Altenhainer Siedlung führt. Ich bemerkte zu diesem Zeitpunkt keine anderen Personen in meiner Nähe. Nachdem ich einiges Holz und Zapfen aufgelesen hatte, wollte ich zur Hauptstr. zurückgehen. Zur selben Zeit kam mir eine unbekannte männliche Person von der Hauptstr. entgegen. Diese führte ein braunes Moped bei sich. Dieser Mann schob sein Moped an mir vorbei und stellte es einige Meter vom Weg ins Gehölz. Nachdem kam er zu mir zurück. Da ich schwer höre, weiß ich nicht, ob er mich in irgendeiner Form angesprochen hat. Er ergriff meine Hand und führte mich zu seinem Moped. Auf halbem Wege nach dort griff er mir mit seiner Hand von hinten unter meinen Rock und brachte mich zu Fall. Da ich jetzt ahnte, was dieser Mann vorhatte, schrie ich ein paar Mal. Daraufhin brachte er einen Dolch, oder es kann auch ein großes Messer gewesen sein, aus seiner Tasche und setzte diesen mit der Spitze an meinen Hals. Anschließend legte er den Dolch weg und griff wiederum unter meinen Rock und spreizte meine Beine. Der Mann nahm dann sein Geschlechtsteil heraus und führte es an meine Scheide. Da ich ihn aufmerksam machte, daß mein Mann in der Nähe wäre und gleich kommen würde, ließ er von mir ab. Er besah mein Geschlechtsteil nochmals aus nächster Nähe, wobei er mit seinem Kopf meine Schenkel berührte. Anschließend steckte er sein Geschlechtsteil wieder weg, nahm sein Moped und fuhr in Richtung Gronau davon. Nach wenigen Minuten kehrte er zurück und fuhr in Richtung Karl-Marx-Stadt weiter.«

Wie ihn Annemarie Anders beschrieb, so sahen bereits vor Jahren andere den Unhold mit einem Motorrad kommen. Immer wieder wiesen Zeuginnen auf einen dreckig weißen Sturzhelm hin. So erlässt der Leiter der Karl-Marx-Städter Kriminalpolizei einen Brennpunktbefehl. »Das heißt: eine Einsatzgruppe ›Sturzhelm‹ wird gebildet, ausgestattet mit weitreichenden Befugnissen. Zahlreiche Kolleginnen und Kollegen fahnden nun nach dem Phantom. Lockvögel streifen regelmäßig durch die Grünanlagen, Mopedfahrer werden wieder und wieder überprüft. Alle vorbestraften Sexualstraftäter gelangen ins Visier der kriminalistischen Ermittlungen. Hunderte von Hoffnung weckenden, aber auch weniger brauchbare Zeugen werden vernommen. Die

Akten wachsen an. Letztlich sind es in diesem Fall 15 römisch nummerierte Ordner. Sie listen die Verbrechen des Unbekannten nach § 176 – Sexueller Mißbrauch von Kindern – Abs. 1 Ziff. 3 und § 177 – Sexueller Übergriff; sexuelle Nötigung; Vergewaltigung – Abs. 1, 43, 73 des Strafgesetzbuchs auf.

Die Tatortliste des Verbrechers füllt Seiten, die Vollständigkeit der Angaben ist zu bezweifeln. Auch die Ermittler gehen von einer Dunkelquote aus: zu peinlich ist das Geschehen, zu groß die Überwindung über Sex zu sprechen. Fast hundert Anzeigen stehen in der Liste, geführt wurde sie nicht chronologisch:

»19.1.1960	Philippstr. 17
25.2.1960	Ritterstr. 2
30.3.1960	Bernsdorfer Str. 18
6.4.1960	Crimmitschauer Wald
8.6.1960	Clausstr. 2
13.6.1960	Jahnstr. 1
19.7.1960	Crimmitschauer Wald
3.9.1960	Bernhardstr.
18.11.1960	Schloßteich
6.12.1961	Promenadenstr.
8.6.1962	Gießerstr. 21
23.8.1962	Zeisigwald
23.8.1962	Wittgensdorf
21.8.1962	Tschaikowskistr. 37
1.9.1962	Elisenstr. 2
28.2.1963	Bernhardstr. 20
6.3.1963	Eisstadion
24.8.1963	Glockenstr. 12

10.9.1963	Luisenplatz
9.11.1962	Färberstr. 11
6.7.1964	Stadtpark
1.10.1964	Uferstraße 46
17.12.1964	Markusstr. 27
3.5.1965	Annaberger Str.
3.6.1965	Augustusburger Str. 26
4.6.1965	Clausstr. 44
18.7.1965	Körnerplatz
6.9.1965	Jagdschänkenstr.
10.9.1965	Lisztstr.
13.9.1965	Küchwald
23.6.1965	Stadtpark
16.11.1965	Rudolfstr.
9.2.1966	Sebastian-Bach-Str. 16
9.2.1966	Bernhardstr.
12.3.1966	Ludwig-Kirsch-Str. 1
16.5.1966	Augustusburger Str 106
9.7.1966	Pestalozzistr. 8
9.7.1966	Erfenschlager Str.
29.9.1966	Friedrich-Engels-Str. 20
7.11.1966	Stollberger Str.
31.8.1965	Küchwald
9.12.1966	Ludwig-Kirsch-Str.
19.12.1966	Beethovenstr.
5.1.1967	Körnerstr.
18.1.1967	Fichtestr. 31
18.1.1966	Jahnstr. 53
31.3.1967	Gießerstr. 11
26.9.1966	Schloßteich

12.7.1960	Emil-Mehnert-Str
25.1.1962	Stadtpark
11.7.1962	Stadtpark
14.8.1963	Deubners Weg
5.6.1964	Dittersdorfer Höhe
31.7.1964	Stadtpark
15.9.1964	Klaffenbach
1.3.1965	Lutherkirche
18.7.1965	Scheffelstr.
18.7.1965	Haldenweg
29.7.1965	Annenstr.
11.9.1965	Buchholzer-Südstr.
2.11.1965	Küchwald-Waldrand
26.2.1963	Am alten Bad
5.7.1963	Bernhardstr. Brücke
30.10.1963	Bernhardstr./Rudolfstr.
5.11.1963	Annenstr.
11.11.1963	Küchwald
26.11.1963	Küchwald-Sechserschl.
12.10.1964	Leipziger Platz
17.5.1965	Küchwaldkrankenhaus
17.7.1965	Emil-Mehner-Park
11.8.1965	Küchwald-Sechserschlucht
8.10.1965	Schloßteich
26.10.1965	Schloßteichstr.
8.11.1965	Zwickauer Str. 452
29.11.1965	Stadtbad
25.4.1966	Brückenstr. 28
25.4.1966	Charlottenstr. 6
30.7.1966	Crimmitschauer Wald

14.6.1966	Crimmitschauer Wald
1.9.1966	›Schreberhain‹
14.9.1966	Bernsdorfer Plan
4.11.1966	Clausstr.«

Ersichtlich ist nur: Die Tatorte erstrecken sich über das gesamte Stadtgebiet von Karl-Marx-Stadt. Das lässt bloß den einen Schluss zu: Der Täter kommt von hier und kennt sich aus. Vorlieben für Schlossteich, Stadtpark und Küchwald sind erkennbar, Rückschlüsse auf den Wohnort des Unbekannten geben sie nicht. Die Tatzeiten variieren: morgens, nachmittags, des Abends, nachts. Vielleicht arbeitet der Täter Schicht. Vielleicht geht er keiner Arbeit nach. Aber beschrieben wurde er als jung oder mittleren Alters, auf keinen Fall sah er wie ein Rentner aus. Verblüffend ist die Regelmäßigkeit, mit der der Täter seine Opfer suchte. Nur das Jahr 1961 sparte er fast vollständig aus. Von Februar bis November hat niemand ihn bei der Polizei angezeigt. Dass er kaum gesehen wurde, muss Gründe haben. Arbeitete er außerhalb? War er krank? Warum nahm er im Dezember 1961 seine Straftaten wieder auf? Fragen, die das Rätsel nicht lüften. Ansatzpunkte, die die Ermittlungen zum Ziele führen, liefern all die Listen und die Fakten nicht.

Am 22. März 1967 gewinnt die bundesdeutsche Fußballelf in Hamburg das Länderspiel gegen die Volksrepublik Bulgarien mit 1:0. Am selben Abend verteidigt Cassius Clay in New York seinen Weltmeistertitel im Schwergewicht durch einen K.o.-Sieg über Zora Folley (USA). Am Vormittag des nächsten Tages treffen sich in Moskau Regierungsdelegationen aus der Sowjetunion und den USA, um über eine Beschränkung der Kernwaffen zu verhandeln. Im Polizeipräsidium Karl-Marx-Stadt erscheint eine Frau und sagt, dass sie fortlaufend von einem Mann aus dem Nachbarhaus sexuell belästigt würde.

»Familienname:	Rademacher
Vornamen:	Irmgard Traute
geb.:	3.4.1938 in Reichenbach / VR Polen
wohnhaft:	Karl-Marx-Stadt, Kurt-Berthel-Str. 50
Beruf:	Kassiererin

Sie zeigt an: Seit Oktober vergangenen Jahres bis 14.3.1967 wird im Hausgrundstück Karl-Marx-Stadt, Kurt-Berthel-Str. 51, I. Etage, Fenster der Wohnung zeigt nach der Kurt-Berthel-Str. zu, durch eine mir nur dem Ansehen nach bekannte Person vor dem Fenster fortlaufend onaniert. Im einzelnen möchte ich hier folgendes zu Protokoll geben:
Seit 1961 wohne ich im Hausgrundstück in Karl-Marx-Stadt, Kurt-Berthel-Str 50. Ich wohne in der III. Etage. Das Wohn- und Kinderzimmer zeigt nach der Straße. Ich habe drei Kinder, und zwar im Alter von 6, 8 und 9 Jahren. Im Oktober vergangenen Jahres, zwischen 7.00 und 8.00 Uhr kamen meine beiden Töchter Silke und Kerstin zu mir. Ich befand mich zu diesem Zeitpunkt im Kinderzimmer. Sie machten mich darauf aufmerksam, daß gegenüber im Hausgrundstück

Kurt-Berthel-Str. 51 in der I. Etage vor dem Fenster ein nackter Mann stehen würde. Ich wollte dies anfangs nicht glauben. Da mir meine beiden Kinder aber keine Ruhe ließen, begab ich mich zum Fenster, um zu sehen, ob dies stimmt. Da ich in der III. Etage wohne, kann ich das Fenster des mir namentlich Unbekannten sehr gut überblicken. Ich stellte zu diesem Zeitpunkt tatsächlich fest, daß dort eine männliche Person nackt vor dem Fenster stand. Der vor dem Fenster befindliche Store war zugezogen, und der Mann stand praktisch also hinter dem Store, das heißt, er stand zwischen Fenster und Store. Die Hände hatte er auf das Fensterbrett aufgelehnt, und mit dem Körper stand er vom Fensterbrett etwas weg, so daß man sein G.-Teil unbedingt sehen mußte. Ich möchte mich berichtigen, der mir Unbekannte machte hin- und hergehende Bewegungen, so daß man annehmen mußte, daß er gegen die Wand oder das Fensterbrett onanierte. Sein G.-Teil habe ich zu diesem Zeitpunkt nicht direkt sehen können, jedoch sah ich den Haaransatz von seinem G.-Teil. Die Zeit, wo sich der Unbekannte vor dem Fenster aufhielt, die hin- und hergehenden Bewegungen inbegriffen, konnte sich auf ca. 20 Minuten belaufen haben.

Im November 1966 konnte ich weiter feststellen, daß der mir nur dem Ansehen nach Bekannte im Zeitabstand von ca. 14 Tagen erneut vor diesem Fenster stand. Es war dies auch wieder zwischen 7.00 und 8.00 Uhr. In beiden Fällen trug er ein kurzes Unterhemd, welches ihm bis kurz unterhalb des Nabels ging. Er stand wieder zwischen dem zugezogenen Store und dem Fenster. Beim ersten Mal im November ist es möglich, daß der Mann wieder gegen die Wand oder das Fensterbrett onanierte. Beim zweiten Mal im selben Monat weiß ich konkret, daß er mit der rechten Hand onanierte. Sein G.-Teil konnte ich dabei nicht sehen, jedoch die mit der Hand ausgeführten Hin- und Her-Bewegungen. Die Zeit des Onanierens kann ca. 10 Minuten gedauert haben. Beim Onanieren guckte er nicht durch das Fenster, sondern auf sein vermutlich erregtes G.-Teil. Nachdem er mit dem Onanieren fertig war, war er auch plötzlich vom Fenster verschwunden.

So Anfang bis Mitte Dezember 1966, wiederum zwischen 7.00 und 8.00 Uhr, stand der Genannte auch wieder vor diesem Fenster. Auch hier hatte er wieder ein solch kurzes Unterhemd an. In diesem Falle konnte ich, ohne das G.-Teil zu sehen, sehen, wie er mit der rechten Hand onanierte. Beim Onanieren guckte er durch das Fenster in der Gegend herum. Der Genannte konnte mich hierbei nicht sehen, jedoch hatte ich den Eindruck, daß er dabei von den ihm gegenüberliegenden Hausbewohnern gesehen werden wollte. Die Gesamtzeit seines Aufenthaltes hinter dem Fenster könnte ca. 25 Minuten betragen haben.

Am 14.3.1967, gegen 7.05 Uhr sah ich den Unbekannten wieder vor diesem Fenster stehen. Zu diesem Zeitpunkt trug er ein Unterhemd und meiner Meinung nach eine lange Unterhose. Nachdem er kurz hinter dem Fenster gestanden hatte, zog er diese Hose aus.

Nach meinen Beobachtungen und den Bewegungen des mir namentlich nicht Bekannten zu urteilen, müßte dies eine enge Unterhose gewesen sein, die er auszog. Ob er diese dann fallen ließ, konnte ich nicht sehen. Danach stand er im kurzen Unterhemd eine Weile hinter dem Fenster. Die Hände hatte er wieder auf das Fensterbrett aufgelehnt. Wie er so am Fenster stand, sah er ununterbrochen auf die Fenster des Hausgrundstücks, in dem ich wohne und zu den Fenstern des Nebenhauses von uns.
Zu diesem Zeitpunkt war meine in Döbeln wohnhafte Mutter bei mir zu Besuch. Ich hatte ihr von diesem Mann vordem bereits erzählt. Aus diesem Grunde sagte ich ihr dann, daß sich dieser wieder hinter dem Fenster aufhält. Als ich ihr das gesagt hatte, stand der Unbekannte noch im Hemd hinter dem Fenster. Aus diesem Grunde begab sich meine Mutter in das Wohnzimmer, um von dort aus zu beobachten. Ich öffnete dann das Fenster vom Kinderzimmer, um einen Staublappen auszuschütteln. Gleichzeitig winkte ich meiner Tochter Kerstin, die in die Schule ging, zu. Als mich der Genannte aus dem Fenster gucken sah, begann er plötzlich mit Onanieren. Dies führte er mit der rechten Hand aus. Sein G.-Teil konnte ich hierbei nicht sehen, sondern wiederum nur die hin- und hergehenden Bewegungen der rechten Hand. Wenn ich mich nicht täusche, griff er sich zwischendurch mit der rechten Hand an den Hodensack, um sich richtig aufzugeilen. Diese Feststellungen konnte auch meine in der Wohnstube aufhältige Mutter machen. Nach-

dem ich mich vom Fenster entfernt hatte – das beobachtete meine Mutter –, hielt er ein mit Onanieren. Danach begab ich mich ins Wohnzimmer und schaute von dort zum Fenster hinaus. Zum gleichen Zeitpunkt onanierte er wieder. An diesem Fenster bin ich dann auch geblieben. Da der namentlich mir nicht Bekannte von seinem Fenster aus mich nicht mehr richtig sehen konnte, wechselte er dann das Fenster. Meiner Meinung nach müßte dies ein Schlafzimmerfenster gewesen sein. Daß er mich vordem nicht mehr richtig sehen konnte, liegt daran, daß links und rechts der Straße Bäume stehen. Dort an diesem Fenster konnte er mich dann wieder richtig sehen. Aus diesem Grunde onanierte er weiter. Dann war er von diesem Fenster verschwunden. Seine Handlung kann in diesem Falle bis 7.35 Uhr gedauert haben. 7.50 Uhr erschien er dann noch einmal an diesem Fenster. Zu diesem Zeitpunkt rannte er immer noch in diesem kurzen Hemd herum. Er griff mit einer Hand nach dem Oberteil des Fensters, um dies zu schließen. Hierbei konnte ich dann sein G.-Teil erstmals sehen. Es war jedoch nicht erregt.«

Die Chemnitzer Reichsstraße erhielt ihren Namen nach Kurt Berthel, dem 1960 verstorbenen Oberbürgermeister von Chemnitz bzw. Karl-Marx-Stadt. Ein Kommunist, der bereits vor Hitlers Machtergreifung als Stadtrat ins kommunale Parlament abgeordnet gewesen war. In jener heldengedenkenden großen Magistrale also wohnt ein Mann, der in aller Öffent-

lichkeit sich selbst befriedigt. Vorwürfe, die man nicht einfach zu den Akten nehmen kann.
So sitzen nach Irmgard Rademachers Aussage fortan Polizisten dem besagten Haus in der Kurt-Berthel-Straße 51 gegenüber, die das Badfenster im ersten Stock unter Beobachtung nehmen. Und tatsächlich dauert es nicht lang: »Observierung am 3.4.1967, Onanieren nackt, Winken als Gruß der Aufforderung herüberzukommen.« Es werden »insgesamt 4 Observationen durchgeführt, bei denen festgestellt wurde, daß sich der im Wohnhaus Kurt-Berthel-Str 51 I. Stock wohnhafte Wenzlaff, Anselm, vor der Geschädigten entblößte und vor ihr onanierte, wenn sie sich bei der Erledigung ihrer Hausarbeit am Fenster zeigt«. Frau Rademachers Aussagen bestätigen sich. Der Mann wird verhaftet. Es handelt sich um:

»Familienname:	Wenzlaff
Vornamen:	Anselm Otto
geb.:	10.11.1922
verheiratet:	mit Hildegard, geb. Uhlig
Beruf:	Heizer«

Anzunehmen ist, dass solch ein Mann auch andernorts öffentliches Ärgernis erregt. Ist Wenzlaff der Täter, der seit sieben Jahren die Frauen in Karl-Marx-Stadt schreckt? Nach jahrelangen Ermittlungen wäre die Überführung dieses Täters unerwartet und banal.
Dass die Hinweise zur Klärung eines Kriminalfalls aus unerwarteter Richtung kommen, dass »Kommissar Zufall« bei der Arbeit der Polizei eine große Rolle spielt, trifft häufiger zu als angenommen, und Krimi-

nalromane oder Fernsehreihen wie »Blaulicht«, »Polizeiruf 110«, »Tatort« oder »SOKO« kämen ohne Zufall nicht aus. Das ist der Realität abgeschrieben, denn tatsächlich wurden spektakuläre Mordfälle durchaus aus unvorhersehbarer Richtung und ganz zufällig gelöst: mit Dr. Crippen konnte ein Verdächtiger erstmals mittels drahtloser Telegrafie verhaftet werden. Dem Serientäter Monsieur Landru begegnete die Schwester eines seiner Opfer, als er mit einer anderen Frau poussierte. Der Entführer des Lindbergh-Babys bewahrte noch das Holz der Leiter auf, mit der er ins Haus eingestiegen war. Vergessene Schuhe, verlorene Ausweise, Nachrichten auf dem Anrufbeantworter, ausgefallene Züge oder der Gatte, der zu früh nach Hause kommt – der Zufall kann bedeutungsvoll sein. In Friedrich Dürrenmatts *Das Versprechen* verhindert er die Aufklärung, was den Kommissar zur Schlussfolgerung führt: »Der Wirklichkeit ist mit Logik nur zum Teil beizukommen. Dabei, zugegeben, sind gerade wir von der Polizei gezwungen, ebenfalls logisch vorzugehen, wissenschaftlich; doch die Störfaktoren, die uns ins Spiel pfuschen, sind so häufig, daß allzu oft nur das reine Berufsglück und der Zufall zu unseren Gunsten entscheiden. Oder zu unseren Ungunsten.«

Die Karl-Marx-Städter Kriminalisten legen den Opfern Fotos von Anselm Wenzlaff vor. Die Frauen identifizieren ihn ohne jeden Zweifel. Endlich! Anselm Wenzlaff ist der Mann, den man seit sieben Jahren sucht. Anselm Wenzlaff ist der Unbekannte. Anselm Wenzlaff ist das Phantom! Die Einsatzgruppe »Sturzhelm« kann aufgelöst werden. Was bleibt, sind Verhöre, Gegenüberstellungen, Lokaltermine. Dann Gericht, Prozess und Strafe.

Anselm Wenzlaff bestreitet die ihm zur Last gelegten Straftaten nicht. Er gesteht. Er gesteht alles, was ihm die Ermittler vorwerfen. Doch verhält sich der Mann eigenartig, erscheint den Ermittlern nicht normal. So unaufwendig, wie man sich dies zur Klärung der ungelösten Fälle erhoffte, wird eine gerichtsfeste Beweisaufnahme nicht sein. »Bei den bisher durchgeführten Vernehmungen sowie einer vorausgegangenen persönlichen Aussprache mit dem Beschuldigten mußte festgestellt werden, daß er eine sehr lange Zeit benötigt, um eine an ihn gestellte Frage zu beantworten bezw. sich an eine von ihm verübte Handlung zurückzuerinnern. Bei der Vielzahl seiner strafbaren Handlungen ist dies zweifelsohne verständlich, zumal er nicht über reichliche geistige Kompetenzen verfügt. Auffallend ist jedoch seine, den Verhältnissen entsprechende, gute Ortskenntnis. Aus diesen Gründen mußte bei den Vernehmungen folgende Methode angewandt werden:
Nach eingehenden Überprüfungen umfangreichen Aktenmaterials wurden die vorläufig eingestellten Ermittlungsverfahren hinzugezogen, für die der Beschuldigte der Personenbeschreibung sowie Arbeitsweise nach als Täter in Frage kommen könnte. Unter Ausnutzung seiner verhältnismäßig guten Ortskenntnis wurde ihm anhand des jeweiligen Tatortes eines Ermittlungsverfahrens zunächst die Frage gestellt: ›Kennen Sie die-

se Straße X?‹ Nach längeren, zeitweise auch kürzeren Überlegungen bringt er zum Ausdruck, daß ihm diese Straße oder Gegend bekannt ist. Danach wurde er beauftragt, die Lage dieser Straße oder der in Frage kommenden Gegend wie Gartenanlage usf. zu beschrieben. Nachdem dies mit wenigen Ausnahmen ordnungsgemäß geschehen war, wurde ihm die konkrete Frage gestellt: ›Haben Sie in der Vergangenheit dort einmal eine strafbare Handlung begangen?‹ Auf diese konkrete Frage überlegt der Beschuldigte immer längere Zeit. Danach erst beantwortet er die Frage. In bisher ungezählten Fällen lehnte er ab, in dieser oder jener Straße eine derartige Handlung begangen zu haben. So lehnt er beispielsweise jede strafbare Handlung im Gebiet des Kaßbergs ab und bringt zum Ausdruck, daß er dort bekannt sei, weil er dort wohnhaft ist. Aus diesem Grunde habe er sich auch dort vor einer strafbaren Handlung gehütet. Er gibt lediglich zu, daß er sich laufend hinter seinen eigenen Wohnzimmerfenstern entblößt habe.

In vielen Fällen gibt er auch ohne Umschweife zu, daß er in dieser oder jener Straße etwas gemacht hat. Daraufhin wird ihm wieder eine Frage gestellt: ›Können Sie sich an Einzelheiten erinnern und schildern Sie dieselben.‹ Daraufhin erfolgt vom Beschuldigten in groben Umrissen und sehr oft anfangs brockenweise die Schilderung des betreffenden Vorfalls. Handelt es sich dann im speziellen Falle um Kinder, gibt er auch das ungefähre Alter des Kindes an, das dann mit dem jeweiligen Ermittlungsverfahren auch in ungefährem Einklang steht.

Bisherigen Feststellungen zufolge hatte der Beschuldigte neben seiner Arbeit nicht die geringsten privaten Interessengebiete. Er hat wohl ab und an Fußballveranstaltungen besucht, das ist aber auch alles gewesen. Aus der Tageszeitung hat er sich nur für die Fußballergebnisse interessiert, etwas anderes hat er, seinen Angaben nach, nicht gelesen. Er ist in der Vergangenheit einzig und allein seinem ausgeprägten Sexualdrang nachgegangen. Aus diesem Grunde ist für ihn eine jede strafbare Handlung im gewissen Sinne ein ›Erlebnis‹ gewesen. Hieraus erklärt sich auch die Tatsache, daß er sich, wenn auch schwerfällig, an zurückliegende Ereignisse erinnern kann.
Da der Beschuldigte seinen wiederholten Angaben nach mehrstündigen Vernehmungen nicht folgen kann, wird diesem Umstand künftig Rechnung getragen.«
Nach einer Woche der Vernehmungen ist es bewiesen: »Seit dem Jahre 1960 entblößte der Beschuldigte in nahezu 100 Fällen sein erregtes G.-Teil vor Kindern und Frauen. In seiner grenzenlosen Triebhaftigkeit ging der Beschuldigte soweit, daß er mit Vorschulkindern Mundverkehr bis zum Samenerguß durchführte und Frauen durch Bedrohung mittels eines Messers zur Duldung unzüchtiger Handlungen nötigte.«
Am 11. April 1967 stellen die Ermittler den Antrag auf Haftbefehl und begründen ihn vor dem Richter wie folgt: »Aus der Vielzahl der Straftaten sollen einige als Beispiel dienen: So lockte er die fünfjährige Andrea Peetz am 16.5.1966 mittels Süßigkeiten in einen Keller der Augustusburger Str., zog ihr dort die Höschen

herunter und spielte mit dem unbedeckten G.-Teil des Kindes. Anschließend entblößte er sein erregtes G.-Teil und führte bei dem Kind bis zum Samenerguß Mundverkehr durch. Nach eigenen Angaben will der Beschuldigte in 15–20 Fällen Unzuchtshandlungen an Kindern vorgenommen haben.
Im Sommer 1965 täuschte der Beschuldigte in drei Fällen an seinem Moped einen Defekt vor. Nachdem er weibliche Straßenpassanten um Hilfe bei der Beseitigung dieses Defektes bat und diese ihre Bereitwilligkeit zeigten, nötigte er sie unter Bedrohung mittels eines Klappmessers zur Duldung unzüchtiger Handlungen.
Durch die begangenen Verbrechen versetzte der Beschuldigte im erheblichen Maße die Bevölkerung in Unruhe und gefährdete besonders die sittlich-moralische Entwicklung unserer Kinder. Diese Straftaten stellen eine demonstrative Mißachtung der sozialistischen Gesetzlichkeit dar.«
Der Haftbefehl wird unterschrieben, die Verhöre fortgesetzt.

Vernehmungsprotokoll vom 30. Oktober 1967:

»F: Unter welchen familiären Verhältnissen sind Sie aufgewachsen?

A: Ich wurde als das zweite von insgesamt drei Kindern meiner Eltern geboren. Mein älterer Bruder Walter wohnt jetzt in Westdeutschland, er ist nach dort verzogen, als die Grenzen in Berlin noch offen waren. Mein jüngerer Bruder Siegfried wohnt noch hier in der Henriettenstr., er hat Betonbauer gelernt und arbeitet jetzt als Trockenleger. Zusammen mit meinen beiden Brüdern bin ich im Haushalt meiner Eltern aufgewachsen, in Heimen war ich nie, immer nur zu Hause. Meine Erziehung hatten beide Elternteile übernommen, mit Ausnahme der Zeit, als mein Vater von der faschistischen Wehrmacht eingezogen worden war. Mein Vater war damals Klempner und hatte erst in der Auto-Union und später im RAW (Reichsbahnausbesserungswerk) gearbeitet, dort war er bis zu seiner Rente tätig, ich berichtige: bis zu seinem 70. Lebensjahr. Not hatten wir zu Hause nie, wir bekamen immer das, was wir brauchten.

F: Wie verlief Ihre gesundheitliche Entwicklung in der Kindheit und Jugend?

A: Ich habe die üblichen Kinderkrankheiten durchlaufen. Einen Sprachfehler habe ich seit meiner Kindheit, das muß noch vor der Schulzeit gewesen sein, als er auftrat. Mir ist noch in Erinnerung, daß ich als Kind einmal über meine Großmutter erschrocken bin, die den Weihnachtsmann gespielt hatte, und da muß mir etwas zurückgeblieben sein. Ich bin als Kind auch einmal bei einem Kinderfest an einer Eisenschiene an den Treppen hängen geblieben und gefallen, da hatte ich mir ein Loch in den Kopf geschlagen. Das muß kurz vor der Schulzeit gewesen sein. Andere Beschwerden hatte ich damals nicht.

F: Wie ist Ihr Schulbesuch verlaufen?

A: Ich bin 1928 in die Schule gekommen. Wir wohnten damals noch in der Josephinenstr. 3 und deshalb wurden wir in die Josephinenschule eingeschult. Schon in den ersten Schuljahren hatte ich Schwierigkeiten mit dem Lernen. Ich habe mir die redlichste Mühe gegeben mit dem Lernen, es ging bloß nichts rein. Meine Eltern haben mit mir gepaukt wie nicht gescheit, es ging nicht, nicht im Rechnen, nicht im Schreiben und auch nicht im Lesen.

Weil ich nicht mitkam, mußte ich nach Schulschluß des Schuljahres die sechste Klasse noch einmal durchlaufen. Weil meine Eltern inzwischen nach der Altendorfer Str. 36 verzogen waren, wurde ich in die Sidonienschule umgeschult. Es ging auch da nicht besser, ich bin das volle Jahr noch in der Klasse verblieben und wurde dann in die Hilfsschule versetzt, und zwar in die Andréschule. Dort bin ich nicht nochmal zurückversetzt worden. Der Unterricht war dort auch anders, wir waren weniger Schüler in der Klasse, mit meinen Leistungen ging es.

Lesen, Rechnen und Schreiben geht aber heute noch bei mir sehr langsam, ich kann nicht fließend lesen, ich weiß aber, was ich gelesen habe. Ich hatte auch in meinem ganzen Leben kein besonderes Interesse am Lesen, d. h. an Büchern, es macht mir Mühe.

Im letzten Jahr meiner Schulzeit hatte ich eine Laufjungenstelle, das Geld hatte ich mir gespart, da sahen mein Vater und meine Mutter drauf. Sonst hatte ich Interesse am Fußball, hatte aber nie aktiv gespielt.

F: Wie ist Ihre berufliche Entwicklung verlaufen?

A: Eine Lehrstelle habe ich nicht bekommen, mein Vater hatte es versucht. Ich erhielt eine Arbeitsstelle als jugendlicher Arbeiter in der Federnfabrik Weigel im Frühjahr 1936 nach meiner Schulentlassung. Ich war in der Federnscheuerei tätig, habe auch andere im Betrieb anfallende Arbeiten verrichtet. Diese Arbeitsstelle hatte ich inne, bis der Betrieb 1945 durch Bombenangriffe zerstört wurde.

F: Wurden Sie während des Krieges zum Militärdienst eingezogen?

A: Ich bin gleich bei der Musterung als untauglich für den Militärdienst geschrieben worden. Der damalige Stabsarzt hatte mir Fragen gestellt, und ich konnte sie nicht beantworten. Er hat mir AV, d. h. arbeitsverwendungsfähig geschrieben. Dadurch bin ich nicht zur faschistischen Wehrmacht einberufen worden. Ich muß dann auch einmal vom Betrieb aus als unabkömmlich gestellt worden sein. Nach der Zerstörung des Betriebes haben wir noch Aufräumungsarbeiten verrichtet und sind dann nicht mehr wiedergekommen.

F: Wo haben Sie nach 1945 gearbeitet?

A: Ich habe mir eine Arbeitsstelle als Umschüler im Zimmermannshandwerk gesucht, und zwar 1945 bei der Firma Hammer, einem Baugeschäft. Ich habe dort auch zwei Jahre lang als Umschüler gearbeitet, ich habe sie aus gesundheitlichen Gründen aufgeben müssen. Ich war schon 1943 bei der Firma Weigel an Krampfadern erkrankt, wahrscheinlich deshalb, weil ich dort den ganzen Tag über in Holzschuhen laufen mußte und mit den Beinen nicht zur Ruhe kam. Das machte sich auch bemerkbar in dieser Arbeit bei der Firma Hammer. Ich mußte mit aufs Dach, und da bin ich bei den Dacharbeiten zweimal vom Krampf befallen worden und in den Fallrost gefallen. Ich habe mir gesagt, lieber aufzuhalten, als einmal vom Dach herunterzufallen, Auch im Unterricht hing es. Ich ging von da aus zum RAW, wo ja mein Vater schon als Klempner arbeitete. Ich verrichtete dort ab 1947 eine Transportarbeit in einer Förderkolonne. Ich wurde 1949 dort wegen Arbeitsstellenmangel entlassen. Ich war der einzige aus unserer Meisterei.

(Die Vernehmung wurde um 16.30 Uhr abgebrochen und am 10.10.1967, um 7.30 Uhr fortgesetzt.)

F: Welche Tätigkeiten haben Sie nach Ihrer Entlassung aus dem RAW weiter ausgeübt?

A: Ich habe mich dann um Arbeit in der damaligen Marten AG in Borna beworben und bin dann auch eingestellt worden. Ich arbeitete als Auspacker etwa zwei Jahre lang. Ich arbeitete im Stundenlohn und hatte ungefähr 400,-- Mark monatlich. Ich bin dort weggegangen wegen meiner Beine. Ich hatte wieder Schmerzen in den Beinen wegen meiner Krampfadern. Es ging nicht mehr, ich konnte das viele Herumlaufen nicht vertragen. Ich bin in dieser Zeit das zweite Mal zur Operation gegangen, hinterher ging es dann wieder etwas. Ich habe dann die Arbeitsstelle gewechselt und bin zum VEB Astra gegangen und habe dort in einem kleineren Lager gearbeitet. Ich war dort etwa ein halbes Jahr lang tätig. Ich bin dann von mir aus zur Nagema gegangen. Ich hatte es dort nicht weit zur Arbeitsstelle. Ich war dort Hofarbeiter und verdiente ungefähr 350,-- Mark monatlich.

Mein Schwager kam dann einmal und fragte mich, ob ich nicht draußen bei ihm im VEB Margarinewerk anfangen wollte, sie brauchten dort Arbeitskräfte. Ich sollte in Leistung arbeiten. Der Verdienst war höher, deshalb bin ich auch dorthin gegangen. Ich arbeitete erst an der Schnecke. Es wurden dort aber Veränderungen vorgenommen, Frauen besorgten die Arbeit, die erst Männer machten, dadurch wurden Arbeitsstellen frei, und ich sollte eine andere Tätigkeit übernehmen. Ich sollte an die Packmaschine. Aber das war mir zu schwer, das konnte ich nicht. Da hätte ich in der Waggonverladekolonne anfangen sollen. Aber dort wurden 30-Pfund-Pakete verladen und teilweise auch geworfen, wenn sie in die Waggons kamen, das war mir auch zu schwer, das konnte ich auch mit meinen Beinen nicht aushalten. Deshalb hielt ich auf.

Ich begann dann im VEB Modul eine Arbeitsstelle im Lager. Dort war ich ein halbes Jahr tätig, verdiente aber nur 350,-- Mark. Es hatte mich dann ein ehemaliger Arbeitskollege aus dem Margarinewerk getroffen und gefragt, ob ich nicht lieber doch wieder dort anfangen wollte. Ich entschloß mich auch dazu, weil ich dort doch mehr verdiente. Ich wurde auch wieder eingestellt, mußte aber als Ersatzschaufler an der Packmaschine anfangen. Ich kam aber mit der Arbeit dort nicht zurecht, ich hatte deshalb auch Differenzen mit der Brigadeleiterin. Ich habe dann dort aufgehört. Ich bin dann zum VEB Erste Maschinenfabrik in Karl-Marx-Stadt gegangen und habe dort eine Arbeitsstelle erhalten. Erst arbeitete ich in der Gießerei, habe dort Sand gesiebt und Kerneisen herausgenommen. Nach einem halben Jahr bin ich als Kohlefahrer ins Kesselhaus gekommen. Dann arbeitete ich als Hilfsheizer dort, habe erst Niederdruckkessel geheizt und dafür eine Prüfung abgelegt. Später bin ich dann zum Hochdrucklehrgang gegangen und habe zusammen mit meinem Kollegen Müller eine Lok im Betrieb beheizt, die wir immer über das Winterhalbjahr bekamen. An dieser Arbeitsstelle war ich über elf Jahre tätig.«

Das »Zeugnis für staatlich geprüfte Kesselwärter (gemäß § 8 der Arbeitsschutzanordnung 830 – Anweisung über die Ausbildung von Kesselwärtern – vom 7.6.1952 (GBl. S. 477))« liegt vor. Den ersten Lehrgang hatte Anselm Wenzlaff bereits am 3. Juli 1957 bestanden, dann hatte ihn das Arbeitskollektiv zur Weiterbildung delegiert.
»Herr Anselm Wenzlaff
geboren am 10.11.1922 in Chemnitz
wohnhaft in Karl-Marx-Stadt, Reichsstraße 51
hat an dem Unterricht und den Übungen des in der

Zeit vom 13.2.1962 bis 14.12.1962 abgehaltenen Kesselwärterlehrganges in Karl-Marx-Stadt regelmäßig teilgenommen und die Abschlußprüfung bestanden.
Die Kenntnisse zur Bedienung von
Dampfkesselanlagen mit Genehmigungsdruck über 0,5 kp/cm^2 Überdruck und Heißwasser-Erzeugungsanlagen,
ortsbeweglichen Dampfkesseln und Binnenschiffskesseln, sofern ihr Dampf zum Antrieb einer Dampfmaschine dient,
Dampfkesselanlagen mit einem Zulassungsdruck bis 0,5 kp/cm^2 Überdruck und Warmwasser-Erzeugungsanlagen
wurden nachgewiesen.
Karl-Marx-Stadt, den 14.12.1962
Bezirksdirektion der technischen Überwachung Karl-Marx-Stadt, Ref. Dampf- und Drucktechnik.«

»F: Welche Frauenbekanntschaften unterhielten Sie bis zum Kennenlernen Ihrer Ehefrau? Welcher Art waren diese Beziehungen?

A: Als ich während des Krieges in der Firma Weigel arbeitete, arbeitete ich mit einer Traute Schneider zusammen. Sie wohnte damals in der Josephinenstr. / Ecke Ottostr. Das kann in der Nr. 24 gewesen sein. Mit ihr bin ich aber nicht lange gegangen. Sie war jünger als ich, vielleicht vier oder fünf Jahre. Vielleicht acht Wochen lang verkehrten wir miteinander. Durch ihre Eltern habe ich das Verhältnis abbrechen müssen. Zum Geschlechtsverkehr ist es zwischen uns nicht gekommen, Austausch von Zärtlichkeiten hat aber stattgefunden. Sie hat mir erzählt, daß ihre Eltern gegen unser Verhältnis waren, und ich habe gesagt, daß wir dann eben auseinandergehen müßten. Als ich 1963 oder 1964 wegen meiner Krampfadern im Leninkrankenhaus in Behandlung war, habe ich sie dort wiedergetroffen. Sie war als Stationshilfe in der Blutbank tätig. Da gab es aber nichts mehr zwischen uns.

Später habe ich ein Verhältnis zu einer Helma Olbricht unterhalten. Das war ebenfalls während des Krieges. Sie wohnte in der Martinstr., zwischen Augustusburger- und Sonnenstr. Sie kann drei Jahre jünger gewesen sein als ich. Ich kannte sie durch meinen Bruder. Seine Freundin war die Cousine der Olbricht. Ihre Eltern hatten einen Garten in Altendorf hinter dem Altersheim. Mit der Olbricht bin ich dreiviertel Jahr verkehrt, wir trafen uns öfter, in der Woche vielleicht zwei- oder dreimal. Zum Geschlechtsverkehr ist es nicht zwischen uns gekommen. Sie war stur, ich bin einfach nicht an sie herangekommen. Ich bin aber trotzdem weiter mit ihr gelaufen und hatte gehofft, eines Tages könnte es doch mal klappen. Was sie jetzt macht und wie sie jetzt heißt und wo sie wohnt, weiß ich nicht. Ich habe sie seit unserem Auseinandergehen nicht mehr gesehen.

F: Wie ist es zur Bekanntschaft zwischen Ihnen und Ihrer Frau gekommen? Wie ist das Verhältnis zwischen Ihnen verlaufen? Wann haben Sie geheiratet?

A: Ich lernte meine Frau am zweiten Weihnachtsfeiertag 1947 kennen. Ich war zu einer Tanzveranstaltung in der ›Wiesenburg‹ und traf dort meinen Schulfreund Josef Weiß. Ich hatte mit ihm einen Schnaps getrunken und mich mit an seinen Tisch gesetzt. Er war mit seiner Schwester, meiner jetzigen Frau, dort. Wir haben miteinander getanzt, und ich habe sie heimgeschafft. Von da an haben wir uns regelmäßig getroffen, meistens mittwochs, sonnabends und sonntags. Im Februar oder März ist es dann zum ersten Geschlechtsverkehr zwischen uns gekommen, das war in ihrer elterlichen Wohnung. Es war der erste Geschlechtsverkehr, den ich mit einer Frau überhaupt unterhielt. Am 8.5.1948 heirateten wir. Meine Frau war schon einmal verheiratet, diese Ehe ist geschieden worden.

F: Was wissen Sie über die erste Ehe Ihrer Frau?

A: Sie ist in Zwickau verheiratet gewesen. Ihr erster Mann hieß, glaube ich, Robert Jokisch. Über den Verlauf der Ehe weiß ich überhaupt nichts, nur, daß der Mann an Schizophrenie erkrankt war, ist mir bekannt. Deswegen ist die Ehe wohl auch geschieden worden. Sie ist von Zwickau nach Karl-Marx-Stadt verzogen und hatte in der Mittelstr. und in der Ludwigstr. gewohnt und ist dort zweimal ausgebombt worden. Dann ist sie wieder zu ihren Eltern nach der Köthensdorfer Str. gezogen. Dort wohnte sie, als ich sie kennenlernte, dort habe ich sie auch besucht. Mit ihren Eltern bin ich immer gut ausgekommen.

F: Wie ist Ihre Ehe verlaufen? Unter welchen wohnlichen, finanziellen und familiären Verhältnissen haben Sie zusammen gelebt?

A: Wir hatten nach unserer Eheschließung erst einmal einige Zeit in ihrer elterlichen Wohnung gelebt. Im selben Jahr zogen wir aber dann in ein eigenes Zimmer in der Röhrsdorfer Str. 51. Die notwendigsten Möbelstücke erhielten wir von unseren Elternteilen, anfangs hatten wir nur ein Bett.
Ich arbeitete damals im RAW, meine Frau arbeitete mit, erst war sie Pelznäherin in einem Geschäft in der Straße der Nationen, dann arbeitete sie mit mir zusammen bei der Marten AG, später im Kinderkrankenhaus als Stationshilfe, dann im *Chemnitzer Hof* als Zimmerreinigungskraft und dann zuletzt mit mir zusammen in der Ersten Maschinenfabrik in der Burgstädter Str. Später sind wir dann in die Leipziger Str. 162 umgezogen, das war 1950, dort hatten wir eine eigene Wohnung und seit 1958 wohnen wir in der Kurt-Berthel-Str. 51.
Was wir verdienten, haben wir zusammengelegt. Meine Frau hat mich immer kurz gehalten mit dem Taschengeld. Sie hat aber auch nichts für sich selbst verbraucht, sondern alles in die Wirtschaft reingesteckt. Wir hatten ja anfangs nichts und mußten uns auch nach und nach einrichten. Ich habe ihr zu Hause viel geholfen.
In unserer Ehe war sie der bestimmende Teil. Ich konnte mich ihr gegenüber nicht durchsetzen. Es wurde immer alles so gemacht, wie sie es haben wollte. Es sind Fälle vorgekommen, da ist es mir

zuviel geworden, da habe ich mich durchgesetzt, aber dann hat sie es andersrum doch versucht, und es wurde doch so, wie sie es wollte.

Krach hat es bei uns auch gegeben, vor allem, wenn ich mit meinen Arbeitskollegen in Gaststätten ging und Bier trank. Das konnte sie überhaupt nicht leiden. Da kamen ganz bestimmt Vorwürfe.

F: Von wem stammt der Gedanke, ein Kind anzunehmen?

A: Der Gedanke kam von mir. Meine Frau bekam und bekommt auch jetzt noch keine Kinder. Alle meine Geschwister haben Kinder, und ich sollte keines haben, das ist mir nicht in den Kopf gegangen. Ich wollte deshalb eines annehmen. Meine Frau war auch damit einverstanden. Meine Frau wollte dieses Kind mit mir zusammen großziehen. Barbara ist im November 1951 geboren, im Januar 1952 holten wir sie aus der Klinik. Die Mutter heißt Eberhardine Klingenschmidt, geb. Tränkner. Ich muß noch berichtigen: Wir holten das Kind aus der Wohnung der Frau Tränkner und nicht aus der Klinik.

F: Wer war bestimmend in der Erziehung des Kindes?

A: Bestimmend waren wir alle beide. Es kann aber sein, daß sich Barbara mehr zu meiner Frau hingezogen fühlte, sie hatte mehr Interesse für Dinge, in die ich als Mann keine Einsicht hatte.

F: Wie verlief das sexuelle Zusammenleben in der Ehe?

A: Anfangs gut. Wir verkehrten vielleicht drei- bis

viermal in der Woche. Es gab keine Unzufriedenheiten.

F: Ihre Frau äußerte sich hierzu, daß sie sich durch Ihre Heftigkeit beim Geschlechtsverkehr und durch Ihre Forderung nach Mundverkehr mit der Zeit abgestoßen gefühlt hätte.

A: Ja, es ist richtig, ich bin lebhaft beim Verkehr gewesen. Ich habe auch beiderseitigen Mundverkehr gefordert, und er hat auch stattgefunden. Das war aber nicht immer so, es stimmt, daß meine Frau das nicht wollte. Sie hat mir das auch gesagt, ich habe es aber immer wieder so versucht. Ich kann heute nicht mehr sagen, wie lange es so ging, ich gebe auch zu, daß ich derb gewesen bin beim Verkehr und daß ich es nicht leiden konnte, wenn meine Frau so ruhig dalag. Es ist auch richtig, daß ich ihr Zutschflecken gemacht habe, aber nicht gebissen. Vielleicht aus Unsinn so, aber nicht, um ihr Schmerzen zu bereiten. Meine Frau war nicht so lebhaft, es kann daran gelegen haben, daß sie älter war als ich. Auch Verkehr in anderer als normaler Lage haben wir unterhalten. Das geschah aber im gegenseitigen Einverständnis.

F: Traten später Unzufriedenheiten auf?

A: Ja, große. Die Gelegenheiten, bei denen wir Verkehr hatten und in denen er möglich war, wurden immer seltener. Hauptsächlich deswegen, weil das von uns angenommene Kind Barbara immer größer wurde und wir keine Möglichkeit hatten, sie anders als in unserem Schlafzimmer unterzubringen. Sie wachte nachts bei jedem Geräusch auf, und meine Frau weigerte sich, mit mir Verkehr auszuüben, wenn das Kind mit im Schlafzimmer war. Manchmal hatten wir außerhalb des Schlafzimmers Verkehr unterhalten, manchmal bin ich aber auch nicht aus dem Bett gegangen und war ärgerlich darüber, daß es nicht so klappte, wie ich es eigentlich wollte. Mitunter mußten wir auch Gelegenheiten tagsüber nutzen, in denen das Kind nicht in der Wohnung war.

Es gab aber auch noch andere Gründe. Einmal wurde meine Frau auch älter und ihre Bereitschaft ließ nach, aber auch wenn wir z. B. wegen des Trinkens Streit hatten oder aus anderer Ursache, dann sprachen wir das Notwendigste und es unterblieb dann auch der Geschlechtsverkehr.

Es war zuletzt so, daß wir nur noch alle vier Wochen Verkehr unterhielten. Entweder meine Frau war unpäßlich oder die Tochter war da oder wir hatten irgendwelchen Streit, irgend etwas war immer los.

F: Haben Sie Selbstbefriedigung getrieben?

A: Irgendwie mußte ich mir doch helfen. Ich habe zu Hause Selbstbefriedigung betrieben, wenn meine Frau nicht da war. Durch die verschiedenen Schichten, die wir im Betrieb hatten, war das möglich. Mit der Zeit hat mich dann die Selbstbefriedigung allein nicht mehr gereizt, da bin ich eben an Kinder rangegangen und an fremde Frauen. Hinterher habe ich mir dann immer selbst an den Kopf geschlagen, wie ich so blöd sein konnte, mich in dieser Weise zu befriedigen, weil ich doch bestraft werden konnte, aber dann habe ich es doch immer wieder getan, wenn es mich dazu trieb. Genauso war es mit der Entblößung vor meinem Fenster.

F: Hat Ihre Frau Spermaflecken in Ihrer Unterhose oder im Unterhemd gefunden?

A: Ja. Sie hat mir ein paarmal solche Flecken vorgehalten.

F: Welche Erklärung haben Sie ihr gegeben?

A: Ich habe ihr gesagt, daß ich mich eben dann selbst befriedigen würde, wenn es nicht mehr zwischen uns ginge.

F: Wie hat sie darauf reagiert?

A: Sie hat mich ein Schwein genannt und gefragt, ob ich noch ganz richtig im Kopf wäre. Und dann war auch eine ganze Zeit nicht mehr an Geschlechtsverkehr zu denken. Sie hat mich aber nie dabei erwischt, wenn ich mich selbst befriedigte.

F: Haben Sie während Ihrer Ehe intimere Beziehungen zu anderen Frauen unterhalten, die im gegenseitigem Einverständnis stattfanden?

A: Ja. Mit einer Frau Häntzsch hatte ich einmal solche Beziehungen. Sie ist die Schwester des geschiedenen Mannes meiner Frau und wohnt in der Ludwigstr. Ich glaube im Haus Nr. 4. Sie war mit ihrem Mann bei uns, das muß in den fünfziger Jahren gewesen sein. Ich hatte bei diesem Besuch herausgemerkt, daß sie vielleicht bereit wäre, Geschlechtsverkehr mit mir auszuführen. Da bin ich, als meine

Frau im Krankenhaus lag, vor der Schicht mal hingegangen, um sie auch zu besuchen. Sie war gerade krank geschrieben. Sie war auf meine Zärtlichkeiten eingegangen, und es ist zum Verkehr zwischen uns gekommen.

Später hat sie dann meine Frau einmal angesprochen, daß ich ja auch nicht echt wäre und daß zwischen uns Verkehr stattgefunden hätte. Beide Frauen kamen dann zu mir in die Wohnung. Es hat einen Mordskrach gegeben. Es hat eine ganze lange Zeit gedauert, bis alles zwischen uns wieder in Ordnung war. Späterhin hat sie es mir noch einige Male vorgehalten. Sie ist von Natur aus sehr eifersüchtig.

F: Ihre Frau hatte auch immer den Verdacht, daß Sie intime Beziehungen zu einer im Haus wohnhaften Frau unterhielten?

A: Ja. Es hat sowas gegeben. Bei uns im Haus wohnte eine Frau Gudrun Seiboldt. Sie war etwas leicht in ihrer Lebensweise, verkehrte viel mit Männern. Ich war Verwalter im Hause, da war öfter mal was zu reparieren. Bei ihr habe ich manchmal in der Wohnung geholfen. Bei diesen Gelegenheiten habe ich Zärtlichkeiten begonnen, wir hatten uns auch geküßt. Ich bin ihr auch hin und wieder mit der Hand ans unbedeckte Geschlechtsteil gekommen. Geschlechtsverkehr haben wir aber nicht unterhalten. Sie hat mir bei diesen Handlungen keinen Widerstand geleistet, ich glaube auch, daß sie Geschlechtsverkehr mitgemacht hätte. Aber ich hatte

Angst davor, weil sie sich doch auch mit anderen Männern abgab, und ich dann vielleicht als Vater eines Kindes benannt werden könnte. Dem wollte ich aus dem Wege gehen. Letztmals kam es im März dieses Jahres zu einem solchen Zusammentreffen.

Weitere Verhältnisse dieser Art habe ich nicht unterhalten.

F: Welchen Parteien und gesellschaftlichen Organisationen gehörten Sie an? Welche Funktionen hatten Sie dort?

A: Ich bin seit 1945 Mitglied der KPD und seit Gründung Mitglied der SED. Funktionen hatte ich dort nicht. Dem FDGB gehöre ich seit seinem Bestehen an und bin auch Mitglied der DSF. Im Haus Kurt-Berthel-Str. 51 bin ich Hausvertrauensmann. Ich habe meine Vernehmungsniederschrift gelesen, ich hatte Zeit, sie ruhig durchzulesen. Alles war in der Niederschrift steht, ist so, wie es sich wirklich zugetragen hat.«

»Familienname: Wenzlaff, geb. Weiß
Vorname: Christa
geb.: 3.9.1917 in Chemnitz

A: Er ging immer regelmäßig seiner Arbeit nach, ging nie allein aus. Auch im Betrieb, ich arbeite im gleichen Werk, wurde ihm nachgesagt, daß er willig ist und sich vor keiner Arbeit scheut.

Mein Mann war zu ihr immer gut wie der eigene Vater. Ich glaube nicht, daß sich mein Mann ihr gegenüber in sittlicher Hinsicht genähert hat. Das hätte mir die Barbara gleich erzählt. Sie hat zu mir sehr großes Vertrauen und hat mir immer alles erzählt. Irgendein Hobby hatte er nicht.

F: Ist Ihnen an Ihrem Mann in letzter Zeit eine Wesensveränderung aufgefallen?

A: Ja. Er war in der ganzen letzten Zeit gedrückt. Ich merkte, daß ihn etwas bedrückte und ich habe ihn oft danach gefragt, aber er hat sich dazu nicht geäußert. Ganz besonders auffällig war mir das, seit der Freund unserer Tochter bei uns in der Wohnung verkehrt. Dieser ist Angehöriger der Staatssicherheitsorgane. Wenn er bei uns war, ist mein Mann z. B. unbegründet und plötzlich vom Tisch aufgestanden, wenn wir aßen, oder hat sich sonst verdrückt. Eine Erklärung für sein Verhalten hat er auch hier nicht gegeben. Heute, nachdem ich seine Straftaten erkenne, begreife ich sein Verhalten.«

»F: Wie sind die geschlechtlichen Beziehungen zu Ihrer Ehefrau?

A: Da meine Frau fünf Jahre älter als ich ist, sie somit geschlechtlich schon im Abklingen ist, führe ich in der Regel alle drei Wochen einmal mit ihr den ehelichen Beischlaf aus. Da ich jedoch einen starken Geschlechtstrieb habe, befriedigt mich dieser einmalige G-Verkehr nicht.

F: Wie befriedigen Sie somit Ihren Geschlechtstrieb?

A: Ich wichse mir einen ab.

F: Wo onanieren Sie?

A: Teilweise wichse ich zu Hause im Bett oder in der Stube. Zum anderen Teil in der Öffentlichkeit vor weiblichen Personen.

F: Seit wann befriedigen Sie sich selbst?

A: Wichsen tue ich schon seit meiner Schulentlassung. Vor Frauen mache ich es seit ca. 5–6 Jahren.

F: In wieviel Fällen haben Sie sich in der genannten Zeit vor weiblichen Personen entblößt und onaniert?

A: Die genaue Zahl kann ich nicht sagen. Ich schätze es auf ca. einhundert Fälle. Ich trat dabei im gesamten Stadtgebiet von Karl-Marx-Stadt in Erscheinung. Bevorzugt wurde dabei von mir das Sonnenviertel. Außerhalb von Karl-Marx-Stadt trat ich nicht als Entblößer in Erscheinung.

F: Warum bevorzugten Sie das Sonnenviertel?

A: Weil ich dort bei Dr. Gebler, Karl-Marx-Stadt Humboldtstr. 1, in zahnärztlicher Behandlung bin. Wann ich im einzelnen bei diesem Zahnarzt war, kann ich nicht mehr angeben. Durch den Besuch des Zahnarztes hatte ich die Gelegenheit, im Sonnenviertel spazieren zu gehen.

F: Welche Handlungen auf sexuellem Gebiet begingen Sie im Sonnenviertel?

A: Ich habe im Sonnenviertel sowohl vor jungen Frauen als auch vor Kindern mein G.-Teil entblößt.

F: Aus welchem Motiv heraus unternahmen Sie diese Handlungen und kam es in jedem Fall zum Samenerguß?

A: Diese Handlungen tat ich aus Wollust. In den meisten Fällen, besonders bei Damen, kam es zum Samenerguß.

F: Wohin richtete sich Ihr Samenerguß?

A: Das kam immer auf die Umstände an. Besonders bei Frauen kam es immer wieder zum Samenerguß. Ich ließ den ›kalten Bauer‹ entweder auf dem Fußweg, an die Hauswand, am Gebüsch, Zaun oder auch in die Hand spritzen. Bei Kindern kam es seltener zum Samenerguß. In einem Falle kann ich mich aber noch daran entsinnen. So war es Anfang Januar dieses Jahres in den späten Nachmittagsstunden. Ich ging die Zöllnerstraße entlang, als ich ein etwa 10 Jahre altes Kind, ein Mädchen, sah. Als ich das Kind sah, kam mir der Gedanke, an ihm meine Wollust zu befriedigen. Ich sprach das Kind an. Soweit ich mich noch entsinnen kann, versprach ich dem Kind Schokolade oder Obst, wenn es mit mir in ein Haus geht. Das Kind ging auch mit. Ich ging mit dem Kind in einen Hausflur. Ich bin allerdings nicht mehr in der Lage, dieses Haus zu zeigen. Im Hausflur zog ich dem Kind die Schlüpfer herunter, entblößte mein steifes G.-Teil und wichste. Als es bei mir zum Samenerguß kam, ließ ich den ›kalten Bauer‹ in die Schlüpfer des Kindes spritzen. Ich hielt auch mein Glied an den Bauch des Kindes. Weiterhin forderte ich das Kind auf, mein G.-Teil zu greifen. Das Kind wehrte sich gegen mein Vorhaben heftig. Ich hielt sie aber fest und drückte ihr mein steifes Glied in die Hand. Nachdem ich meinen Geschlechtstrieb befriedig-

te hatte, verließ ich den Hausflur und begab mich nach Hause. Um das Kind kümmerte ich mich nicht weiter.
Ich habe ca. 15–20mal vor kleineren Kindern unzüchtige Handlungen vorgenommen, wobei ich teilweise nur mein G.-Teil zeigte und wichste oder den Kindern an das G.-Teil griff bzw. die Kinder aufforderte, mein G.-Teil an das G.-Teil der Kinder bzw. an deren Bauch zu halten. Immer waren es Mädels.«

»Familienname: Wenzlaff
Vorname: Barbara
geb.: 29.11.1951«

Zu ihrer Mutter habe sie großes Vertrauen, da diese ihr immer großes Verständnis und Liebe entgegenbringen würde. Es habe auch in der Vergangenheit keine großen Meinungsverschiedenheiten oder gar gespannte Verhältnisse gegeben. Sie würde sie auch als Mutter achten. Das Gegenteil könne sie aber von ihrem Vater behaupten. Sie hätte ihn als Vater noch nie anerkennen können. Die Ursache hierfür war seine ganze Art und der ganze Umgang zu Hause. So könne sie sich beispielsweise mit ihm nie über Dinge unterhalten, die sie interessieren würden, da er an vielen Fragen des täglichen Lebens vollkommen desinteressiert sei. Aus diesem Grunde könne sie ihm auch keine Achtung entgegenbringen. In sittlicher Hinsicht sei er bisher in keiner Weise an sie herangetreten. Wenn das der Fall gewesen wäre, so hätte sie sofort ihrer Mutter davon Mitteilung gemacht.

»Familienname:	Wenzlaff
Vornamen:	Ottokar Max
geb.:	9.12.1896, in Hartha Krs. Döbeln
Beruf:	Klempner, Installateur, in Rente
wohnhaft:	Karl-Marx-Stadt, Gottfried-Keller-Str. 47

F: Unter welchen Verhältnissen ist Ihr Sohn Anselm aufgewachsen? Wie hat er sich in der Kindheit entwickelt?

A: Anselm ist mein zweites Kind. Ich habe insgesamt drei Söhne. Der älteste ist jetzt bzw. seit 1956 in Westdeutschland, der jüngste Sohn Siegfried ist gelernter Betonbauer, arbeitet jetzt in einer Firma, die Häuser trocken legt und wohnt in der Henriettenstr. 76. Alle Kinder stammen aus meiner seit 1920 bestehenden Ehe. Anselm ist seit seiner Geburt in meinem Haushalt aufgewachsen, meine Ehefrau erzog ihn mit mir gemeinsam, in Heimen oder anderswo ist keines der Kinder untergebracht gewesen.

Wir hatten jederzeit geordnete Verhältnisse, ich hatte immer Arbeit, Not hatten wir nie, Anselm hat nichts entbehren müssen, was er zu seiner Entwicklung brauchte.

Körperlich entwickelte er sich zu einem kräftigen Jungen, außer den üblichen Kinderkrankheiten, wie Masern, Windpocken usw. war er nie ernstlich krank.

In seiner Sprache und Ausdrucksweise traten Mängel auf. Er stotterte schon von Kindheit an etwas. Wenn man ihn scharf anredete oder anschaute, brachte er kein Wort heraus. Das war schon immer so mit ihm. Es ist aber meines Wissens nicht so gewesen, daß er dadurch von den anderen verspottet worden wäre. Charakterlich war er gutmütig und hilfsbereit. Ich hatte mit ihm nie Erziehungsschwierigkeiten.

F: Wie verlief der Schulbesuch?

A: Er besuchte die ersten Jahre die Josephinenschule in Chemnitz, weil ich umzog, kam er dort heraus. Es hat sich aber schon nach dem ersten Schuljahr herausgestellt, daß er mit seinen Leistungen das Lernziel nicht erreichte. Er wurde fortan in die Hilfsschule eingewiesen, ich glaube, es war die Andréschule in Chemnitz. Auch hier hat er nicht alle Klassen durchlaufen. Er war in allen Fächern schlecht. Er konnte nicht lesen, nicht schreiben und nicht rechnen. Dabei war es nicht so, daß diese Mängel vielleicht auf Faulheit zurückgeführt werden mußten, es lag an seinem Unvermögen, die Dinge zu lernen.
Er ist aus der sechsten Klasse entlassen worden.
Über sein Allgemeinverhalten in der Schule erhielt ich nie Beschwerden.
Seine Freizeit verbrachte er während dieser Jahre so wie alle anderen Kinder, er verrichtete seine Schularbeiten, so gut er es brachte, und spielte dann mit den anderen Kindern. Im letzten Jahre seines Schulbesuches hatte er eine Laufjungenstelle übernommen. Irgendwelche besonderen Neigungen hatte er nicht.

F: Wie verlief seine berufliche Entwicklung?

A: Ich wollte ihn eigentlich auch etwas lernen lassen. Aber auf Grund seiner schlechten Zeugnisse nahm ihn niemand. Ein Bekannter von mir hat ihn dann in der Federnfabrik Weigel als jugendlichen Arbeiter untergebracht. Er hat dort Federn geglüht und gehärtet. Seine Tätigkeit dort begann am 1.6.1936, und er ist bis 1945 dort tätig gewesen. Der Betrieb arbeitete für die Rüstung, und deshalb ist Anselm von dort aus mehrfach reklamiert worden, so daß es nicht zu seiner Einberufung zur faschistischen Wehrmacht kam.

F: Wie verbrachte Anselm damals seine Freizeit?

A: Sonntags ging er regelmäßig zum Fußball, er hatte Gefallen an dieser Sportart gefunden, spielte aber selbst nicht. Sonst traf er sich mit den anderen Jugendlichen, er hatte ein Fahrrad, unternahm Touren mit ihnen, er besuchte auch mit ihnen Tanzveranstaltungen. Mir ist aber nie bekannt geworden, daß er Mädchenbekanntschaften geschlossen habe. Ich hielt ihn für zu unbeholfen und zu feig, sein Bruder sagte aber, daß er sonst ein ganz guter Tänzer sei. Er hat auch hin und wieder mal ein Glas Bier getrunken, vertrug aber nicht viel, das ist auch später so gewesen, obwohl er da öfter trank. Er ist hin und wieder ins Kino gegangen, aber nicht oft. Bücher las er fast gar nicht. Seine Freunde sind heute zum größten Teil tot.

F: Wie verlief seine berufliche Entwicklung nach dem Kriege?

A: Ich habe es nach 1945 noch einmal versucht, ihn einen Beruf lernen zu lassen. Ich habe ihm eine Umschülerstelle als Zimmermann bei der Firma Hammer vermittelt, weil Bauberufe nach dem Kriege notwendig waren und dort auch eher jemand unterzubringen war.

Ich habe mich um seine Entwicklung dort gekümmert. Der Polier sagte mir, daß Anselm zwar ein guter Arbeiter wäre, er büße ihn ungern ein, aber im Unterricht, im Rechnen wäre Anselm nicht mitgekommen, und auch nicht im gesamten Schulprogramm. Warum Anselm dort weggegangen ist, weiß ich nicht, zu dieser Zeit hatte er ja schon geheiratet.

Ich hatte ihm danach noch einmal im RAW eine Arbeitsstelle als Förderer versorgt. Er konnte das aber nicht, er war dazu geistig nicht in der Lage. Er war Eidechsenfahrer und mußte Material für die Produktion transportieren. Er ist im Zuge einer Reduzierung von Arbeitskräften mit entlassen worden.

Über seine Tätigkeit in der Marten AG weiß ich nichts, auch nichts über sein Arbeitsverhältnis in der Nagema und im Betrieb Modul, nur daß er zuletzt im VEB Erste Maschinenfabrik als Heizer arbeitete, weiß ich.

F: Was wissen Sie über die Bekanntschaft mit seiner späteren Frau und über den Verlauf der Ehe? Welche Differenzen gab es und welchen Eindruck haben Sie von Ihrer Schwiegertochter?

A: Seine Frau ist die Schwester eines ehemaligen Schulkameraden von ihm. Er hat sie durch ihn kennengelernt. Einzelheiten hierüber weiß ich bis heute noch nicht. Überhaupt habe ich vom Zustandekommen dieses Verhältnisses zwischen beiden erst erfahren, als sie sich schon einig gewesen sein müssen, zu heiraten. Er kam ein Vierteljahr vor der Eheschließung damit heraus. Er sagte, er habe eine Frau gefunden, sie wollten heiraten und ob er sie einmal mitbringen dürfe. Es muß meiner Meinung nach die erste Frau gewesen sein, mit der er überhaupt verkehrte.

Ich hatte schon bei ihrem ersten Besuch keinen schlechten Eindruck von ihr. Sie war in ihrer Erscheinung sauber, dachte auch wirtschaftlich, geistig war sie ihm eindeutig überlegen, sie war von Anfang an der bestimmende Teil und hat ihm immer im Zügel gehalten. 1948 heirateten sie. Beide wohnten nach der Eheschließung mit bei ihren Eltern, erst später zogen sie nach der Leipziger Straße 162 um, die Eltern wohnten in der Köthensdorfer Str.

Ich habe meinen Sohn sowohl in der Wohnung seiner Schwiegereltern als auch in seiner eigenen Wohnung später besucht. Sie waren für ihre Verhältnisse gut eingerichtet, die Frau arbeitete mit, weil sein Verdienst nicht entsprechend war. Sie war erst in einem Schirmgeschäft, später mit ihm in demselben Betrieb tätig. Die Wohnung war, sooft ich kam, immer in Ordnung, mein Sohn ging immer ordentlich gekleidet.

Finanziell hielt sie auch die Zügel in der Hand,

schaffte allerdings auch etwas für die Familie und die Wohnung. Mein Sohn gab ihr sein ganzes Geld und erhielt für seine persönlichen Bedürfnisse das Geld zugeteilt. Bestimmt viermal waren sie auf Urlaubsreisen und hatten einen Ferienplatz.

Von Differenzen und Streitigkeiten habe ich eigentlich nie etwas gemerkt. Anselm machte mir einen zufriedenen Eindruck, er hat nie geschimpft, ich wüßte auch nicht, daß er gegenüber seiner Frau einmal laut geworden wäre. Auch in der Frage Alkohol weiß ich nichts über Streit. Anselm trank gern mal ein Glas, mitunter vielleicht zu reichlich, wenn er drei oder vier Glas getrunken hatte, hatte er schon genug.

F: Welche Wahrnehmungen haben Sie über das Sexualleben innerhalb der Ehe gemacht?

A: Überhaupt keine. Beide haben nie darüber gesprochen, ich weiß auch nicht, ob Unstimmigkeiten und Unzufriedenheiten bestanden. Nach ihrem übrigen Zusammenleben zu urteilen, glaubte ich, daß die Ehe auch in diesem Punkte gut verliefe.

F: Haben Sie in der Vergangenheit überhaupt einmal Wahrnehmungen darüber gemacht, daß Anselm zu sexuellen Abartigkeiten neigte? Hatten Sie eine Neigung zu Kindern bemerkt?

A: Ich habe nie etwas derartiges wahrgenommen.

F: Wie kam die Adoption des Kindes? Welches waren die Ursachen und wie wurde das Kind behandelt?

A: Der Schwiegervater meines Sohnes war während der Nazizeit in der Stadt angestellt. Weil drei oder vier Kinder geistig nicht voll entwickelt waren und die Hilfsschule besucht hatten, wurde durchgesetzt, daß die Familienmitglieder sterilisiert wurden. Späterhin sollte das auch mit meiner Schwiegertochter geschehen. Anfangs hatte sie sich gesträubt, aber sie wurde vor die Alternative gestellt, entweder in eine Pflegeanstalt zu kommen oder sich sterilisieren zu lassen. Das hatte sie dann auch machen müssen, um die Einlieferung in eine Anstalt zu vermeiden. Sie bekommt deshalb keine Kinder.

Die Adoption wurde von meinem Sohn verlangt. Er wollte ein Kind haben und seinen Brüdern nicht nachstehen. Die Frau hat mitgemacht und war einverstanden. Barbara stammt von einer Frau, die schon mehrere Kinder unehelich hatte, sie heißt Klingenschmidt.

Beide Eheleute sind gut zu dem Kind gewesen. Ich habe nie eine Klage gehört.

Wie mein Sohn dazu kommt, sich an Kindern und Frauen zu vergehen ist mir völlig unerklärlich.«

Der Vater unterzeichnet das Protokoll: »Ich habe meine Vernehmungsniederschrift durchgelesen, sie entspricht meinen Aussagen.«

Der Schock sitzt beim Vater tief, völlig unerwartet wurde die Familie mit den Vergehen Anselm Wenzlaffs konfrontiert. Vorwürfe gegen sich selbst, Scham über sein Versagen werden dem Vater bleiben. Unerklärlich erscheinen ihm die Taten seines Sohnes: Hätte er sie verhindern können?

»Im Zuge der Vernehmung der Elternteile des Beschuldigten Anselm Wenzlaff wurde ursprünglich vorgesehen, beide, also auch die Mutter, zeugenschaftlich zu vernehmen. Es stellte sich bereits bei der Vorladung heraus, daß die Mutter des Beschuldigten, Friedhilde Wenzlaff, nicht vernommen werden kann.
Sie konnte die im Verlaufe der vorangegangenen Befragung an sie gerichteten Fragen beantworten, jedoch machte sie wiederholt mitten in der Befragung einen abwesenden Eindruck, sehr oft waren auch unkontrollierte und fahrige Bewegungen erkennbar und ein fast ununterbrochenes, leises und unverständliches Vor-sich-hin-Sprechen.
Nach Aussagen des Ehemannes liegt seit einigen Jahren ein Nervenleiden zu Grunde.
Aus diesen Gründen wurde von einer zeugenschaftlichen Vernehmung Abstand genommen.«

Der Fall ist abgeschlossen. Das Phantom ist identifiziert. Der Täter hat gestanden. In Karl-Marx-Stadt können die Frauen wieder ruhig schlafen. Eltern sind beruhigter als vorher. Doch beginnen jetzt die Diskussionen, wie der bekannte Gerichtspsychiater Reinhard Haller es heute beschreibt: »Nehmen Sie das Beispiel, dass in unserer Nachbarschaft ein schweres Verbrechen passiert, ein Sexualdelikt oder dergleichen. Was läuft dann ab? Dann sagen zunächst alle in der Umgebung: Das hätte ich mir nie gedacht, so ein netter Mensch, das hätte ich ihm nicht zugetraut. Dann schlafen wir ein, zwei Nächte drüber und dann sagen

wir: Irgendwie komisch ist der mir immer schon vorgekommen. Wie der so dreingeschaut hat und so weiter, was der für ein Gesicht gehabt hat. Dann schlafen wir noch eine Nacht, und dann sagen wir: Ich hab es immer schon gewusst, der geborene Verbrecher.
Was läuft mit dieser Projektion ab? Dass wir auch in uns selbst drinnen das Böse vermuten und uns sehr viel zutrauen. Und es wahrscheinlich auch in bestimmten Situationen nicht im Griff haben. Wir können sagen: Der Mensch ist normalerweise gut und sozial verträglich, aber bestimmte Situationen, und die sind wirklich von Interesse, lassen in ihm das Böse sozusagen heraus. Persönlich glaube ich, das Böse beginnt dann, wenn der Mensch sich nicht in andere hineinfühlt.«

Die Arbeitskollektive stellen beiden Eheleuten ein gutes Zeugnis aus. Und wie die Familienangehörigen trifft es auch die Kollegen tief und unerwartet, als sie von den Verbrechen Anselm Wenzlaffs hören. Die Staatsanwaltschaft fordert schriftliche Einschätzungen an. Die ehemaligen Kollegen von Wenzlaffs Arbeitsstelle im Margarinewerk Karl-Marx-Stadt, wo er bis 1956 tätig war, schreiben:
»Beurteilung
Charakterlich: Hilfsbreiter, kollegialer und verträglicher Charakter. Stets einsatzbereit und von seinen Arbeitskollegen geschätzt und geachtet, aber nicht besonders intelligent!
Fachlich: Arbeitsantritt in unserem volkseig. Lebensmittelbetrieb am 11.6.1952. Unter dem 29.9.1953 lös-

te Gen. Wenzlaff sein Arbeitsverhältnis freiwillig in unserem Betrieb. Am 18.5.1954 erfolgte seine Neueinstellung als Produktionsarbeiter. Wir haben Gen. Wenzlaff als einen guten und jederzeit willigen Arbeitskollegen kennengelernt. Seine obliegenden Arbeiten führte er stets gewissenhaft aus.
Gesellschaftlich: Mitglied der KPD/SED seit 10.10.1945, des FDGB seit 1.7.1945 und der DSF seit 5.3.1951. Gen. Wenzlaff nimmt wohl am allgemeinen pol. Betriebsgeschehen Anteil und führt kleinere Parteiaufträge durch, aber es fehlt ihm an der nötigen Initiative. Im Parteizirkel mangelt es an der erforderlichen Auffassungsgabe, deshalb ist auch seine Mitarbeit gering. Gen. Wenzlaff steht zwar positiv zu unserem Arbeiter-und-Bauern-Staat, aber auf Grund seiner schwachen geistigen Beweglichkeit hat er erhebliche Schwächen zu verzeichnen. Trotzdem ist er der Partei verbunden. In den Tagen des 17. Juni stand er konsequent zu unserem Arbeiter-und-Bauern-Staat.«

Wie im sozialistischen Betriebsalltag üblich kommt es zum Gespräch in Anselm Wenzlaffs Arbeitskollektiv. Ein Mitglied des Ermittlerteams der Kripo ist anwesend. Das Protokoll der Brigadeversammlung erhalten die übergeordneten staatlichen Stellen, Staatsanwaltschaft und die Ermittlungsorgane:
»Kollektive Auswertung der Strafsache Wenzlaff
21.6.1967
Anwesend: Sekretär BPO (Betriebsparteileitung), Leitungs- und Brigade-Mitglieder

Genosse Wolff (BPO) eröffnet die Beratung, begrüßt die Erschienenen und erteilt dem Gen. Glaubitz (Abt. K) das Wort.
Gen. Glaubitz erläutert kurz Sinn und Zweck der Zusammenkunft, ausgehend vom Rechtspflegebeschluß, und gibt in kurzen Worten die von Wenzlaff begangenen strafbaren Handlungen bekannt. Danach fordert er die Anwesenden auf, ihre Meinung zu den Handlungen selbst und vor allen Dingen die Person des Wenzlaff zu charakterisieren.
Gen. Müller (Brigadier): Was wir gehört haben, ist ein ganz schöner Schlag. Ich sagte zu Wenzlaff, wo die K.P. (Kasernierte Volkspolizei) ihn holte, was hast du ausgefressen, er antwortete ›nichts‹.
Gen. Müller bemerkte noch, daß Wenzlaff vor ca. drei Jahren vom Dach der Halle III heruntergestürzt war, er stieg dort von dem einen zum anderen Dach, und zwar kann man dort in das Bad der Küchenfrauen sehen. Wir hatten das seinerzeit als Spaß ausgelegt, aber dies hing scheinbar schon mit seinem Unwesen zusammen. Arbeitsmäßig kann ich ihm nichts nachsagen. Auch sonntags, wenn es nötig war, hatte er sich mit zur Verfügung gestellt. Als minderwertig kann ich ihn nicht ganz bezeichnen. Die Prüfung, die wir machen mußten, hat er zwar erst das dritte Mal überstanden.
Koll. Bräutigam: Ich spreche als AGL-Leitung, wir haben ihn für kindisch gehalten. Das Benehmen, das er hat, stimmt doch nicht ganz.
Gen. Abraham: Vor ca. zwei Jahren wurden zwei Mädels am Küchwald, Nähe Sängerhalle angefallen, das

hatte ich dem ABV Pestermann gemeldet. Auch hatte ich dies Wenzlaff erzählt, darauf erwiderte W. nichts.
Gen. Pallutschak: Seine Art hatte er auf das ganze Stadtgebiet ausgedehnt. Sein ganzes Verhalten ist nicht das gewesen wie eines Gleichgestellten.
Gen. Müller bestätigte, wenn er im Betrieb baden ging, trug er durch das Kesselhaus auch keine Brille.
Gen. Obermeier: Wenzlaff wollte eben nicht erkannt werden, deswegen auch einmal ohne Brille.
Gen. Kaiser: Ich muß ihn als schwerfällig bezeichnen.
Gen. Müller: Wenn man 12 Jahre mit ihm gearbeitet hat, kennt man ihn schon ein bißchen besser als andere.
Koll. Hänsel: Ich kenne ihn viele Jahre, er ist verhöhnt worden, er hatte den Spitznamen ›Bläkwenzel‹. Er hat einen Stotterfehler, da bläkt er dann, wenn etwas herauskommt.
Gen. Sergel: Ich bin VP-Helfer, da habe ich es mit kennengelernt, solche wie Wenzlaff, die tauchen immer woanders auf. Vor ca. fünf Jahren hatten wir einen geschnappt, weil sich einer von uns als Frau angezogen hatte. Ich bin der Meinung, es müsse die höchste Strafe geben.
Koll. Hänsel: Ich glaube, da sind wohl alle Kollegen derselben Meinung.
Gen Oelert: Ich kenne Wenzlaff 2 ½ Jahre, ich kann ihn nicht so einschätzen, er machte seine Arbeit, obwohl man den Eindruck hat, daß er eine kindische Person ist. Was dies uns so schwierig macht, ist, weil man es ihm nicht zutraut.

Gen. Sergel: Dieses Vergehen habe ich ihm ebenfalls nicht zugetraut.
Gen. Oelert: Fordern wir, daß solche Leute hart bestraft werden, denn man muß sich vorstellen, man hätte selbst ein Kind von fünf Jahren und einem passiert es.
Gen. Müller: Müßte das nicht der Frau aufgefallen sein, denn Frau Wenzlaff führt das Kommando?
Gen. Sergel: Das kostet doch Geld, wenn er den Kindern Schokolade gibt.
Gen. Müller: Drei Tage nach dem Lohntag hatte Wenzlaff kein Geld mehr. Er hat bei uns im Haus gewohnt. Er ist seinen Launen sehr oft unterworfen. Wenn er kein Geld hat, war er bedrückt. Jähzornig war er nicht. Über seine Eheverhältnisse hat er immer gesagt, wenn er einmal einen kleinen Rausch hatte, so, nun darf ich wieder mal acht Wochen nicht hinan.
Gen. Sergel sagt, wir werden noch gefragt werden wegen Wenzlaff, ich denke, wir sagen, die Unterredung bleibt unter uns.
Gen. Glaubitz fordert die Anwesenden auf, zwei Vertreter des Kollektivs, die die Meinung des Kollektivs vor Gericht vertreten, vorzuschlagen.
Das Kollektiv schlägt die Genossen Müller und Oelert vor.«

Reinhard Haller: »Die Sexualität ist eine enorme Macht. Wir müssen davon ausgehen, dass sie diejenige Kraft ist, die die Menschheit zusammen mit der Aggressivität voranbringt, und jeder Mensch ist dem, wenn man so will, ausgesetzt oder er kann es im positiven Sinne nutzen. Wenn nun das unterdrückt wird, dann gibt es zwei Möglichkeiten: Entweder entsteht in Art eines Dampfkessels ein pathologischer Grund, aus dem heraus dann alles Mögliche entsteht mit sexuellen Übergriffen, mit sexuellen Notlösungen, oder es könnte auch gelingen, im positiven Fall, dass man diese Kraft der Sexualität positiv verwandelt, also in sportliche Leistung, in künstlerischen Wettkampf und so weiter umwandelt, was aber, glaube ich, nur den wenigsten Menschen tatsächlich möglich sein wird.«

Anselm Wenzlaff werden nachgewiesen:
47 Unzuchtshandlungen mit Kindern,
13 gewaltsame Unzucht mit Frauen,
31 Fälle als Entblößer.
Der Fall kann dem Gericht übergeben werden. Doch er wird es nicht.

4. Eine Tote läuft durchs Zimmer

Anselm Wenzlaff ist geständig. Die sieben Jahre andauernde Angst ist damit von Karl-Marx-Stadt genommen worden. Die an der Aufklärung beteiligten Ermittler werden beglückwünscht und einige von ihnen befördert. Doch wird der Fall noch nicht abgeschlossen und dem Gericht übergeben. Denn ungelöste Fälle hängen einem Kriminalisten ein Leben lang an und belasten, zumal wenn sie ein Kind betreffen.

Im Januar 1961 brachte man das Verschwinden der achtjährigen Marion Fengler mit der Fahndung nach dem Sexualstraftäter in Verbindung. War auch Marion Fengler ein Opfer des Phantoms? Die Öffentlichkeit jedenfalls setzte alle Geschehnisse in einen logischen Zusammenhang. Die Volkspolizei war unfähig, die Frauen und Mädchen zu schützen. Kritik und Unmut der Bevölkerung waren vehement und wuchsen mit jedem Tag erfolgloser Ermittlungsarbeit. Sogar die parteigebundenen Presseorgane sahen sich in jener Zeit dazu veranlasst, Stellung zu beziehen: Am 7. Januar 1961 las man in der *Volksstimme*, Karl-Marx-Stadt:

»Gewissenlose Gerüchtemacher versuchen wegen des vermißten Kindes Marion Fengler Unruhe in die Bevölkerung zu tragen. Wir teilen zur Information mit, daß das vermißte Kind bis jetzt noch nicht gefunden wurde. Unsere Volkpolizei sucht unter Zuhilfenahme der Hundestaffel mit Spezialhunden die Umgebung unserer Stadt, aber auch die am Wege liegenden Ruinen- und Hausgrundstücke gewissenhaft ab. Der Küchwald, Zeisigwald und Crimmitschauer Wald wurden durchkämmt. Ein Sonderkommando der Feuerwehr suchte im Schloßteich und den Schönherrschen Teichen. Auch der Stadtfunk und die Lautsprecherwagen unserer Volkspolizei wurden eingesetzt.

Unsere Werktätigen werden gebeten, sich nur auf die Presseinformationen zu verlassen. Alle Hinweise, die zur Aufklärung beitragen können, nimmt das VPKA,

Abt. K, Helmut-Just-Straße, direkt oder telefonisch unter der Nummer 34541, Hausruf 274, entgegen.«

Im Juli 1967 haben sich die Spuren der Marion Fengler längst verloren. Das Mädchen tauchte nicht wieder auf. Eltern und Familie leiden am ungewissen Schicksal ihrer Marion. Einem jener Kriminalisten, die vor sechs Jahren an den Ermittlungen beteiligt waren, ist das Verschwinden des damals achtjährigen Kindes noch immer gegenwärtig. Er studiert die Akten im Fall Wenzlaff, Anselm, und findet überraschende Koinzidenzen:

Zweifellos passte Marion ins Beuteschema dieses Täters wie Ines Amthor, Juliane Neumann und Bettine Hampel. 47 Übergriffe auf Kinder hat man Anselm Wenzlaff nachgewiesen. Könnte Marion Fengler da nicht auch zu seinen Opfern zählen?

Im Januar 1961, mit dem Tag von Marions Verschwinden, stellte Wenzlaff einstweilen seine sexuellen Übergriffe ein. Es ist anzunehmen, dass er als Täter Angst vor Überführung hatte. Erst nachdem er sich vor Verfolgung sicher gefühlt hatte, elf Monate nach dem Mord – und von Mord muss zweifelsohne ausgegangen werden – setzte Anselm Wenzlaff die Serie seiner Straftaten fort.

In den Verhören benimmt sich der geständige Täter oft so, als ob er etwas zu verbergen hätte: »Ganz im Gegensatz zu seinem sonstigen Verhalten zeigte sich Anselm Wenzlaff in der Untersuchungshaft still und zurückgezogen. Wenn es die Umstände erlauben,

meidet er den Kontakt zu anderen Gefangenen. In den Vernehmungen verhält er sich manchmal verstockt, ängstlich und nervös. Im allgemeinen aber ist er kooperativ und freundlich. Die langen Monate des Ermittlungsverfahrens bauen zwischen den Ermittlern und ihm eine bizarre, freundschaftlich anmutende Vertraulichkeit auf, die auch Platz für einen gelegentlichen Scherz schafft. Mitunter aber wirkt Wenzlaffs Höflichkeit aufgesetzt, autoritätshörig und kriecherisch. Sachverhalte kann er nur umständlich wiedergeben, sein Wortschatz ist ziemlich begrenzt.
Wenn Wenzlaff Opfern gegenübergestellt wird – Maßnahmen, die aus beweisrechtlichen Gründen erforderlich sind –, empfindet er diese Prozeduren als höchst unangenehm. Dann wirkt er sehr erregt, scheu und gehemmt. Auffällig ist auch sein lebhaftes Ausdrucksverhalten: Erregung produziert Erröten, Stirnschweiß und heftige Gesten. Auf peinliche Fragen reagiert er zunächst mit leicht durchschaubaren Unwahrheiten und ausweichendem, gesenkten Blick. Fühlt er sich aber in die Enge getrieben, ist er den Tränen und der Wahrheit schnell nahe. Er ist wahrlich kein Prototyp eines hartgesottenen Lügners.«
Der Ermittler ist sich gewiss, würde er Anselm Wenzlaff mit dem Namen Marion Fengler konfrontieren, würde der von ihm Verdächtige leugnen, jede Schuld an ihrem Verschwinden von sich weisen. Aber wenn sie als Kriminalisten in dieser Phase der Ermittlungen den Fall Fengler nicht behandeln, würde seine Aufklärung niemals mehr möglich sein. Der erfahrene Kri-

minalist ist überzeugt, dass Wenzlaff die Achtjährige ermordet hat. Doch ohne Trick wird man es Wenzlaff kaum beweisen können.
In Zusammenarbeit mit Psychologen stellen die Ermittler Anselm Wenzlaff eine Falle. Sie stellen sie im Bewusstsein, dass sie den rechtstaatlichen Prinzipien zuwiderhandeln. Sie tun es, auch ohne vom Gesetz gedeckt zu sein. Die Familie Marion Fenglers und die Bürger der Stadt haben eine Aufklärung verdient. Der Täter muss im Mordfall Marion Fengler seine gerechte Strafe erhalten. Die Ermittler treffen Vorbereitungen, nur wenige sind eingeweiht. Der Plan ist heikel. Sie haben nur diese eine Chance. Schlägt der Plan fehl, bleibt das Verbrechen an Marion Fengler ungeklärt und auf ewig ungesühnt.

Das war geschehen: Am späten Abend des 3. Januar 1961 erschien auf dem Revier der Polizei die Mutter

»Familienname:	Fengler, geb. Simrock
Vornamen:	Thea Clara
geb.:	1.2.1908
wohnhaft:	Karl-Marx-Stadt, Uhlandstr. 36

und gibt an, daß ihre Tochter

Familienname:	Fengler
Vornamen:	Marion Charlotte
geb.:	30.06.1952
wohnhaft:	bei den Eltern

nicht nach Hause kam. Das Kind verließ auftragsgemäß am Dienstag, den 3.1.61 gegen 15.15 Uhr die el-

terliche Wohnung, um die Schwester Ellinor Markert, wh. Karl-Marx-Stadt, Paul-Jäkel-Str. 12 aufzusuchen. Als die Eltern gegen 19.00 Uhr bei der Schwester anriefen, wurde in Erfahrung gebracht, daß das Kind bei der Schwester nicht eingetroffen ist. Das Kind sprach zuletzt mit der Mutter.
Das Kind sollte die Schwester aufsuchen. Da sich das Kind bisher niemals unerlaubt entfernte und stets gegen 19.00 Uhr in der elterlichen Wohnung ist, muß ein Verbrechen vermutet werden.
Bei meiner Tochter Marion handelt es sich um das letzte von insgesamt sieben Kindern. Diese Kinder stammen sämtlich aus meiner Ehe mit Hans Fengler. Kurze Zeit vor der Geburt meiner Tochter Marion zogen wir nach der Uhlandstr. 36 um. Vorher wohnten wir in der Burgstr. 71 und Am Karbel 3.
Marion ist seit ihrer Geburt zusammen mit den anderen Geschwistern im Haushalt aufgewachsen.

Dieter	25.2.1928, wh. Eisenach, Ehrensteig 90
Ellinor Markert	16.10.1931, wh. Karl-Marx-Stadt, Paul-Jäkel-Str. 12
Lidia Ronniger	25. 9. 1935, wh. Karl-Marx-Stadt, Scharfensteiner Str. 2c
Helmut	17.7.1939, Karl-Marx-Stadt, Uhlandstr. 36
Holger	20.9.1940, wh. ebenda
Steffen	28.12.1947, wh. ebenda
Marion Charlotte	30.6.1952, wh. ebenda

Ich möchte meine Tochter wie folgt charakterisieren:

In geistiger Hinsicht ist sie begabt. Sie kam in der Schule gut mit, erledigte ihre Schulaufgaben schnell und selbständig und hatte eine gute Auffassungsgabe. Wenn ich sie einkaufen schickte, konnte ich ihr gut drei oder vier Posten nennen, die sie, ohne daß sie sich etwas aufschrieb, prompt richtig erledigte. Marion war in der Vergangenheit gern unter Kindern. Wenn eine Freundin kam und wollte mit ihr auf die Straße gehen, dann ließ sie sich nicht halten. Sie ging im Sommer oft in den Zeisigwald, dies aber nie allein, sondern entweder mit ihrem 13 Jahre alten Bruder oder mit ihrer Freundin Ines. Es ist aber vorgekommen, daß sie allein in die Stadt ging. So z. B. zum Jahrmarkt oder in das HO-Warenhaus. Sie fragte jedoch stets nach meiner Erlaubnis und ging nie eigenmächtig, so daß ich nicht gewußt hätte, wo sie war. Ich konnte mich auch darauf verlassen, daß sie pünktlich wiederkam. Ich wollte sie zur Selbständigkeit erziehen. Ich möchte besonders betonen, daß es nie vorgekommen ist, daß Marion einmal ohne mein Wissen weglief und z. B. erst am späten Abend wiedergekommen wäre.«

Es war der erste Schultag. Marion besuchte die Tschaikowskischule, Klasse 2a und hatte bis 13 Uhr Unterricht. Die Mutter wollte mit Sohn Holger abends ins Kino: Im Dezember waren unter anderem angelaufen die Defa-Filme *Begegnung im Zwielicht*, eine deutsch-polnische Gemeinschaftsproduktion über alte Nazis in Konzernetagen, und *Der Moorhund*, ein »Kinderfilm, der die Arbeit der DDR-Grenztruppen

als Folie für ein spannendes Ferienabenteuer nimmt«. Vielleicht wollten sie aber auch die Filmoperette nach Jacques Offenbach *Die schöne Lurette* schauen oder *Silvesterpunsch*, das Brigadespektakel um Arbeit, Sport und sozialistisches Kulturprogramm. Clara Fengler hatte am Nachmittag bereits die Kinokarten gekauft.
»Als ich mich auf dem Rückweg vom Kino Hainstraße befand, traf ich Marion in der Höhe der Friedrich-Engels-Straße und ging mit ihr gemeinsam zur Wohnung zurück. Unterwegs erklärte ich ihr, daß sie am Nachmittag zu meiner Tochter Ellinor gehen müsse, und sie antwortete mir daraufhin, daß sie keine Lust dazu hätte. Daraufhin erklärte ich ihr, daß sie doch einmal gehen müsse, denn ich wollte wissen, ob meine Tochter Ellinor am kommenden Mittwoch mit mir gemeinsam ins Krankenhaus zu meinem Sohn Steffen gehen würde. Das wollte ich wissen. Marion fragte mich, ob sie dann wenigstens fahren könnte. Aber auch das mußte ich abschlagen, weil ich nicht das nötige Geld zur Verfügung hatte. Daraufhin erklärte sie sich bereit, zu laufen. Ich habe also Marion erst das Mittagessen gegeben (es waren Quarkkeulchen), und gegen 15.15 Uhr verließ sie dann die Wohnung. Es war verhältnismäßig spät geworden, und Marion äußerte auch, daß sie recht bald wieder zurück sein wollte. Sie hatte nämlich noch vor, ein Geburtstagsgeschenk für meinen Mann gemeinsam mit mir zurechtzurichten. Deshalb wollte sie auch gar nicht lange bleiben. Mein Mann ist am 5.1.1904 geboren.

Nachdem sie den Mantel angezogen hatte, sagte ich ihr noch, daß sie ein Paar Puppenschuhe für die Puppe meiner Enkelin Heike mitnehmen solle, das beim letzten Besuch liegengeblieben war. Diese Schuhe wickelte ich in weißes Seidenpapier und steckte sie in eine der Manteltaschen. In der anderen Tasche steckte ich das Taschentuch. Dieses war ein normal großes Kindertaschentuch von weißem Grund und braun-grüner zweigförmig durchgehender Musterung. Als Marion ging, machte sie einen ausgesprochen munteren Eindruck.« Und auf Nachfrage sagt die Mutter: »Ja, es ist möglich, daß sie mit anderen Personen mitgeht.« Die Überredungskünste des Anselm Wenzlaff sind bekannt, auch dass er mit Schokolade lockte. Marion wäre das ideale Opfer: vertrauensselig, kontaktfreudig, verspielt.

»Beschreibung:

scheinbares Alter	8 Jahre
Größe	120 cm
Gestalt	schlank
Haar	dunkelblond, glatt, Pagenschnitt
Gesicht	gesundfarbig
Stirn	niedrig
Augen	dunkelbraun
Augenbrauen	dunkelblond
Bekleidung	Kopfbedeckung: rot-schwarz gemustertes Kopftuch Mantel: schw. Mantel mit

roten Punkten mit Pelzbesatz
dunkel
Rock: braune Trainingshose
Bluse: dunkelblauer Pullover
mit weißen Tauben und roten
Häusern und Reißverschluß
Unterwäsche: rosa Schlüpfer
Strümpfe: braune Strümpfe
mit Söckchen mit
grün-weißen Streifen
Strumpfbänder: weißes
Leibchen
Fußbekleidung: schwarze
Halbschuhe mit Kreppsohle
Kleidung ist in gutem Zustand«

Die Lehrerin: »Marion war ein stilles und zurückhaltendes Kind. Sie arbeitete gern für sich allein und stand deshalb noch etwas abseits vom Klassenkollektiv. Ihr Notendurchschnitt: 2. Trotzdem war ihr Auftreten den Klassenkameraden gegenüber sehr sicher. Sie war immer hilfsbereit. Aufträge, die sie durch die Pionierorganisation oder die Lehrer erhielt, führte sie stets gewissenhaft und widerspruchslos aus. Körperlich war sie gut entwickelt. Marion gehörte der Gesundheitsstufe I an.«
Das Fahndungsfoto zeigt ein achtjähriges Mädchen klar blickend in die Kamera mit einem verschmitztem Lächeln, Pagenschnitt, in kariertem Kleid. Das Bild wird auf hunderte Plakate gedruckt, erscheint auf Zei-

tungsseiten, Abzüge davon erhalten Streifenpolizisten, die im gesamten Stadtgebiet nach Marion Fengler und ihrem Verbleiben fragen.

»Von der Abteilung K des VPKA Karl-Marx-Stadt wurden zunächst fernmündliche Umfragen in sämtlichen Krankenhäusern des Stadtgebietes sowie bei der Verkehrsunfallbereitschaft angestellt. Mit der Mutter des vermißten Kindes wurde vereinbart, sämtliche in Frage kommenden Angehörigen im Stadtgebiet aufzusuchen und nach dem Verbleib des Kindes zu fragen.
An die Abteilungen K der für den Wohnsitz von weiteren Angehörigen zuständigen Kreisämter Marienberg und Eisenach wurden Ermittlungsaufträge zur Nachforschung nach dem Verbleib des Kindes erteilt. Weiterhin wurden Ermittlungen in der gewohnten Umgebung des Kindes, d. h. bei Freunden und bekannten Kindern angestellt. Alle Dienststellen des Referates Jugendhilfe-Heimerziehung des Kreises Karl-Marx-Stadt wurden angesprochen und zur Mitfahndung aufgerufen. Desgleichen die Dienststellen des Deutschen Roten Kreuzes. Mit Anbruch des 4.1.1961 wurden in der Schule, die das Kind besuchte, Nachfragen gehalten, ob das Kind von einem der Schüler gesehen worden war. Alle die genannten Maßnahmen verliefen ohne positives Ergebnis.
Als das Kind am 4.1.1961 noch nicht in die elterliche Wohnung zurückgekehrt bezw. überhaupt aufgefunden worden war, wurde die Bearbeitung des Vorgan-

ges von der MUK der BDVP Karl-Marx-Stadt übernommen.
In Zusammenarbeit mit dem Leiter der Abteilung K und dem Leiter des Komm. AK und KT wurde ein Einsatzstab zur weiteren Bearbeitung des Vorgangs gebildet. Als nächstliegende Fahndungsmaßnahmen nach dem Kind wurde folgendes eingeleitet:
Absuchen der Gebiete, die für ein Verbrechen an dem Kind bezw. für die Möglichkeit eines Unfalles des Kindes an seiner vermutlichen Wegstrecke am ehesten geeignet waren. Es wurde vom Schnellkommando des VPKA eine Suchaktion in den Anlagen des Schillerplatzes und in den Anlagen des Schloßteiches durchgeführt. Hierbei wurde besonders auf Spuren am Ufer des Teiches und auf Löcher in der Eisdecke geachtet.
Desweiteren wurde auf der Strecke, die das Kind vermutlich gegangen sein mußte, am Abend des 4.1.1961 ein Lautsprecherwagen eingesetzt, der einen vorher vereinbarten Fahndungstext an 33 verschiedenen Stellen der Strecke bekanntgab. Diese Aktion wurde am Morgen des 5.1.1961 zur Zeit des Arbeiterverkehrs an den wichtigsten Knotenpunkten der Straßenbahnlinien der Stadt wiederholt. Gleichzeitig wurden am Morgen des 5.1.1961 in der Presse eine entsprechende Notiz mit dem Lichtbild des Kindes veröffentlicht.
Gleichzeitig wurde hierzu von einer 4 Genossen starken Gruppe der Abteilung K der gesamte Weg, den das Kind vermutlich zurücklegen mußte, nach Versteckmöglichkeiten in Anlagen, Häusern, Höfen usw. abgesucht. Unabhängig davon wurden in 4 Strecken-

abschnitten je 2 Genossen eingesetzt, die in den Häusern Umfrage nach evtl. Wahrnehmungen hielten.
Weiterhin wurden den Abschnittsbevollmächtigten der Abschnitte, durch die das Kind laufen mußte, am selben Tag Fahndungstexte und Lichtbilder des Kindes ausgegeben. Parallel hierzu wurden in den Betrieben, die an der Stecke des Kindes gelegen sind, Fahndungstexte und Lichtbilder zum Aushang gebracht.
Als auch diese Maßnahmen ohne positiven Erfolg verliefen, wurden am 6.1.1961 die im nördlichen Teil des Stadtgebietes gelegenen Wälder und Parkanlagen durch 2 Kompagnien Bereitschaftspolizei, 2 Meuten Suchhunde in Verbindung mit dem Schnellkommando des VPKA abgesucht.
Von der Abteilung Feuerwehr wurden umfangreiche Suchaktionen in dem an der Wegstrecke gelegenen Schloßteich sowie den in der näheren Umgebung gelegenen Gewässern durchgeführt. Es mußte jedoch bei dieser Suchaktion auf ein vollständiges Ablassen des Wassers verzichtet werden, da sonst die Turbinen des angrenzenden Elektrizitätswerkes nicht mit Kühlwasser hätten versorgt werden können. Gleichzeitig mit dieser Suchaktion wurden nochmals die Ufer des Teiches intensiv abgesucht.
Nach dem negativen Ausgang der örtlichen Suchaktionen wurden auch die Kreisämter des gesamten Bezirkes durch Fernschreiben vom Vorgang in Kenntnis gesetzt und um Mithilfe angesprochen.
Auf Grund der Veröffentlichungen in der Presse meldeten sich am 7.1., 8.1. und 11.1.1961 insgesamt 5 Bür-

gerinnen, die das Kind am Dienstag, den 3.1.1961 in der Zeit von 15.00 Uhr bis 16.00 Uhr gesehen haben wollten.«
Die einschlägig Vorbestraften wurden überprüft. Anhaltspunkte, die Marions Verschwinden hätten klären können, wurden nicht gefunden.
Sechseinhalb Jahre später sitzt den Ermittlern Anselm Wenzlaff gegenüber, dem eine Gewalttat an dem Mädchen zuzutrauen ist. Mord. Freiwillig sagen wird er dazu nichts, das wissen die Kriminalisten aus Wenzlaffs bisherigem Verhalten. Warum sollte er sich mit mehr, als ihm nachgewiesen wurde, selbst belasten? Wie ihn also zu einem Geständnis bringen?

»Die Ermittler sind sich schließlich einig, Wenzlaff in absoluter Ahnungslosigkeit zu halten, um ihn dann unerwartet so zu labilisieren, daß ihm Unbedachtes, Verräterisches entschlüpft. Dazu muß sein Unterbewußtsein provoziert werden. Und wenn er dennoch unschuldig ist? Dann allerdings darf die Provokation keine Wirkung zeigen.«
Ein erster Plan zielt darauf, eine Puppe so zu präparieren, dass der Täter sie als die vermisste Marion erkennen wird. Doch, so schlägt einer der Kollegen vor, warum eine leblose Puppe nehmen? Was wäre, wenn man Wenzlaff tatsächlich mit einem Kinde konfrontierte, das Marion Fengler ähnlich ist und in seiner Kleidung gleicht? Ein Problem: So eine Aktion birgt für das darstellende Kind enorme Risiken. Zum anderen verbietet das Gesetz solche Tricks.

Unter den Mitarbeitern im Polizeipräsidium wird mit den Vätern und Müttern gesprochen, die Kinder im gefragten Alter haben und bereit wären, die Ermittler im Interesse der Wahrheitsfindung zu unterstützen. Ein Vater findet sich, der seiner Tochter das Experiment zutraut. Cornelia ist im Alter Marion Fenglers und spielt mit großem Eifer in der Schultheatergruppe. Ein Psychologe bereitet die kleine Conny auf ihren Einsatz vor und erklärt ihr, dass sie ihnen hilft, einen schwierigen Kriminalfall zu lösen. Conny soll wie in einem Spiel den Beteiligten ein Rätsel stellen: »Sie habe nun die Aufgabe, nacheinander in fünf Zimmer zu gehen, in denen sich jeweils zwei Männer befinden, und zwar einer von ihnen vor dem Schreibtisch und einer dahinter. Der Mann hinterm Schreibtisch ist ein Kriminalist und passe auf. Der sei für sie uninteressant. Nur der Mann vor dem Schreibtisch sei für das Rätsel wichtig. Genau diesen müsse sie kurz anschauen. Dann soll sie mit einem Schrei das Zimmer verlassen. Unter den fünf Männern, die sie am Schluß des Spiels dann angesehen haben, befänden sich somit vier Kriminalisten und nur ein Verdächtiger, und den müsse sie erraten. Damit sie bei diesem Spiel unerkannt bleibt, würde sie wie eine richtige Schauspielerin verkleidet mit Schminke, Perücke und Kostüm. Conny ist begeistert. Eine echte Rolle in einem echten Kriminalstück mit einem echten Täter.«
Die Proben sind abgeschlossen: »Am 14.7.1967 soll Wenzlaff vorgeführt werden. Offizieller Anlaß eine weitere Vernehmung. Wenzlaff soll in einem Zimmer

befragt werden, das durch einen Spiegelspion vom Nebenraum aus beobachtet werden kann. Eine dort installierte Schmalfilmkamera muß jede Regung, ein Tonbandgerät jeden Laut des unfreiwilligen Hauptakteurs festhalten. Heimliche Augenzeugen werden die leitenden Ermittler, der Staatsanwalt und der Psychologe sein. Inspizient auf dem Flur zum Einsatz ist Connys Vater. Alle geben sich verhalten optimistisch. Keiner zweifelt daran, ein Wagnis einzugehen, sich auf ein Spiel einzulassen, dessen Ausgang ungewiß ist. Doch haben sie die kriminalistische Herausforderung angenommen. Jetzt müssen sie prüfen, ob dieser Weg zur Wahrheit führt.«

Es ist Freitag, der 14. Juli 1967. Ferienzeit und Zeit für Cornelias großen Auftritt. Die tagelang geprobte Inszenierung soll ihre einmalige Aufführung erleben. Letzte Vorbereitungen laufen. Die Kriminalisten setzen alles auf die eine Karte. Es muss ihnen mit dem Schauspiel gelingen, einen Mörder zu überführen, sonst … Daran denken die Ermittler nicht. Cornelia wird geschminkt und zieht die gleichen Sachen an, die Marion Fengler am Tage ihres Verschwindens trug: rot-schwarz gemustertes Kopftuch, schwarzer Mantel mit roten Punkten, braune Trainingshose, dunkelblauer Pullover, schwarze Halbschuhe mit Kreppsohle. Es herrscht gespannte Atmosphäre.

Anselm Wenzlaff wird in den Verhörraum mit verdecktem Spiegel geführt. Der Vernehmer beginnt eine Unterhaltung, welche Wünsche der Untersuchungshäftling habe. Frische Wäsche, Tabak … »In dem

Augenblick, als er seine Aufzählung beginnt, wird die Tür hinter ihm aufgerissen und Cornelia kommt herein. Wenzlaff wendet sich überrascht nach hinten und nimmt das Mädchen wahr, das in einem engen Bogen eilig um ihn herumläuft und ihm dabei fest in die Augen schaut, dann aufschreit, als habe es etwas Entsetzliches gesehen, und eilig hinausläuft. Auf der Stelle springt er vom Stuhl auf. Blut schießt in sein blasses Gesicht, das höchste Bestürzung ausdrückt. Er zittert am ganzen Leibe, muß den Aschenbecher abstellen. Dann sinkt er unter Tränen auf den Stuhl zurück und stammelt: ›Mit dem Mord habe ich nichts zu tun!‹« Lange kann Anselm Wenzlaff sein Leugnen nicht aufrechterhalten und sagt: »Ich habe das Mädchen umgebracht.«
Es hing am Zufall und am seidenen Faden, doch ist das Experiment geglückt. Was, wenn es schief gegangen wäre? »Zumindest für eine wissenschaftliche Analyse hätten wir eindrucksvolle Filmaufnahmen«, meint der Psychologe. Und tatsächlich wird der Schmalfilm auf Super 8 von Anselm Wenzlaffs Überrumplung Lehrmaterial an der Hochschule für Kriminalistik. Später wird er archiviert. Heute ist er nicht mehr auffindbar.

»Am 19.7.1967, gegen 12.30 Uhr wurde mir der Untersuchungshäftling Wenzlaff zur Bewachung während der Einnahme des Mittagessens in mein Dienstzimmer übergeben. Mir war zu diesem Zeitpunkt bereits bekannt, daß Wenzlaff im Verlaufe des Vormittags des vorerwähnten Tages ein umfassendes Geständnis ab-

gelegt hatte. Aus diesem Grunde schenkte ich diesem Auftrag keine besondere Aufmerksamkeit.
Nachdem der Beschuldigte auf einem Stuhl Platz genommen hatte, setzte ich meine Arbeit am Schreibtisch fort. Hierbei mußte ich feststellen, daß mich der Beschuldigte fortwährend fragenden Blickes anschaute. Anfangs habe ich dieser Sache keine Bedeutung beigemessen. Da er aber nicht aufhielt, hielt ich es für angebracht, mit ihm ein Gespräch anzuknüpfen. Ich fragte ihn nach längerem Warten sinngemäß, warum er eigentlich hier wäre. Er gab mir jedoch hierauf keine Antwort.
Ich stellte aber fest, daß ihm Tränen in den Augen standen und er unmittelbar danach seinen Blick auf die im Schoß gefalteten Hände richtete. Nach einigen Minuten blickte er mich wieder fragend an und ihm war deutlich eine innere Unruhe anzumerken. Daraufhin stellte ich ihm sinngemäß die Frage, ob es denn tatsächlich so schlimm wäre. Darauf antwortete er mit weinerlicher Stimme: ›Sehr schlimm!‹ Nach längerem Zögern sagte er zu mir: ›Ich habe gemordet.‹
Bei diesen Worten liefen ihm die Tränen über die Wangen. Ich habe daraufhin nicht weiter auf ihn eingewirkt. Nach einigen Minuten stellte er mir die übliche Frage: ›Wenn ich nur wüßte, was darüber im Gesetzbuch steht.‹ Daraufhin habe ich ihn gefragt, warum er das wissen will. Er entgegnete mir, daß er wissen will, ob er seine Frau wiedersieht. In diesem Zusammenhang brachte er noch zum Ausdruck, daß er mit 10–15 Jahren rechnen würde und daß seine

Frau wahrscheinlich dann nicht mehr lebt bezw. dies überhaupt überstehen wird.«

»Im Zuge der Vernehmungen des Beschuldigten Wenzlaff zu seinen Verbrechen (Unzucht und gewaltsame Unzucht sowie Erregung öffentlichen Ärgernisses nach § 176 Abs. 1 Ziff. 1 und 3 sowie § 183 Abs. 1) traten Verdachtsmomente auf, daß er das seit dem 3.1.1961 vermißte Kind Marion Fengler zur Befriedigung des Geschlechtstriebs getötet habe. In seiner Vernehmung vom 19.7.1967 gab Wenzlaff zu, das Kind am 3.1.1961, gegen 18.00 Uhr vor einem Schaufenster des HO-Warenhauses weggelockt, im Küchwald sexuell mißbraucht und anschließend getötet zu haben. Die Leiche verbrannte er. Das EV (Ermittlungsverfahren) wird auf Mord nach § 211 StGB erweitert.

A: Ich habe in meiner letzten Vernehmung zugegeben, daß ich bei meinen unsittlichen Handlungen gegenüber Frauen ein Küchenmesser verwendet habe. Obwohl ich in meinen vorangegangenen Vernehmungen immer wieder behauptet habe, daß ich nur ein Taschenmesser verwendet habe. Diese Unwahrheit versuchte ich in meiner letzten Vernehmung damit begründen, daß ich mit der Verwendung mit einem feststehenden Messer höher bestraft werde als wie mit einem Klappmesser. In diesem Falle habe ich aber die Unwahrheit gesagt. In Wirklichkeit war es so, daß ich mit diesem Messer im Jahre 1961 eine sehr schlimme Handlung begangen habe und aus diesem Grunde ständig Angst hatte, bei Kindern das Küchenmesser mit herumzutragen.

F: Was hat sich im Jahre 1961 mit diesem Messer abgespielt?

A: Mit diesem Küchenmesser habe ich im Januar 1961, der genaue Tag ist mir nicht mehr in Erinnerung, ein Mädchen umgebracht.

F: Erklären Sie, wie sich die Sache an diesem Tage im einzelnen zugetragen hat.

A: Zu dieser Zeit hatten wir im Betrieb eine Lok von der Reichsbahn aufgestellt, die zusätzlich zum Beheizen der Betriebsräume diente. Auf dieser Lok wurde nur in zwei Schichten gearbeitet, und zwar einmal von 7.30 Uhr bis 17.00 Uhr, und die zweite Schicht begann erst wieder 22.30 Uhr bis morgens 8.00 Uhr. Ich habe an diesem Tag die erste Schicht gefahren bis 17.00 Uhr. Anschließend bin ich mit meinem Moped nach Hause gefahren. Meine Fahrzeit von der Arbeitsstelle bis in meine Wohnung beträgt ungefähr 10 Minuten. Ich war also ungefähr 10 Minuten nach 17.00 Uhr zu Hause. Dort habe ich meinen Campingbeutel abgelegt und zu meiner Frau gesagt, daß ich noch einmal wegfahren will, um einen Weg zu besorgen. Das war aber nicht wahr, in Wirklichkeit verspürte ich wieder den inneren Drang nach einem sexuellen Erlebnis. Meine Frau hat dann auch nicht weiter danach gefragt, und so bin ich mit meinem Moped ins Stadtinnere gefahren.

F: Bis wohin sind Sie dann gefahren?

A: Bis zum jetzigen Kaufhaus Centrum, Brückenstraße.

F: Was hat sich dort dann weiter abgespielt?

A: An einem Schaufenster stand ein Mädchen. Als ich das Mädchen dort stehen sah, wurde ich geschlechtlich erregt. Ich habe daraufhin mein Moped am Fußsteig abgestellt und bin zu dem Mädchen am Schaufenster gegangen. Ich habe das Mädchen angesprochen und zu ihr wörtlich gesagt: ›Mädchen, wenn du mal mit mir gehst, gebe ich dir MDN 5,--, ich will dir etwas zeigen.‹

F: Was hat das Mädchen darauf erwidert?

A: Das Mädchen fragte mich sinngemäß, wo sie denn mit hingehen sollte. Ich habe dann gesagt, daß es gar nicht weit wäre. Das Mädchen hat dann gesagt: ›Ich gehe mit.‹

F: Wußten Sie schon, wohin Sie mit dem Mädchen gehen wollten?

A: Nein, das wußte ich nicht.

F: Wie sind Sie mit dem Mädchen dann gelaufen?

A: Ich bin zunächst einmal vor zur Straße der Nationen, mein Moped habe ich geschoben, und das Mädchen ist nebenher gelaufen, und von da aus in Richtung Markt gelaufen. Danach sind wir durch die Klosterstraße in Richtung der Straße Am alten Bad. Es war in der Nähe, wo jetzt das neue Hochhaus steht. Erst dort ist mir der Gedanke gekommen, mit dem Mädchen nach dem Küchwald zu gehen.

F: Haben Sie sich bis dahin mit dem Mädchen unterhalten?

A: Ja, das habe ich gemacht, aber nur ganz kurz.

F: Was haben Sie mit dem Mädchen gesprochen?

A: Ich habe sie zuerst gefragt, wie alt sie ist. Daraufhin hat sie mir gesagt, daß sie 8 Jahre alt wäre. Als ich sie dann fragte, wie sie heißt, hat sie mir nicht geantwortet, nur verschmitzt gelächelt. Auch als ich sie fragte, wo sie wohnt, hat sie keine Antwort gegeben.

F: Hat das Mädchen von sich aus an Sie Fragen gestellt?

A: Ja, sie hat mich mehrmals gefragt, wo wir hingehen wollen.

F: Was haben Sie darauf dem Mädchen geantwortet?

A: Ich habe immer wieder gesagt, daß es gar nicht mehr weit wäre.

F: Wie sind Sie mit dem Kind vom Am alten Bad weitergelaufen?

A: Durch die Helmut-Just-Straße bis zur Luxorbrücke und von da zur Schloßstraße und die erste Querstraße links rein zur Promenadenstraße. Da ich mit meinem Moped nicht durch die Schloßteichanlagen laufen darf, bin ich mit dem Mädchen die Promenadenstraße entlang bis zur Müllerstraße. Von der Müllerstraße bin ich die Hechlerstraße hoch, und zwar bis zum Küchwaldrand. Von da aus dann über die große Festwiese in Richtung Freilichtbühne. Von da aus bin ich mit dem Mädchen in den Wald und habe die Freilichtbühne links liegengelassen in Richtung Sechserschlucht. Dort habe ich dann mein Moped am Wegrand abgestellt und bin mit dem Kind ein Stück rein in den Wald gelaufen.

F: Haben Sie sich auf dem bisher beschriebenen Weg weiter mit dem Kind unterhalten oder hat es Sie irgend etwas gefragt?

A: Ich selbst habe nicht mehr viel zu dem Mädchen gesagt. Es hat mich wiederholt gefragt, wie weit es denn noch sei. Ich habe es immer wieder vertröstet und immer wieder gesagt: Es ist nicht mehr weit.

F: Was hat sich dann in diesem Waldstück mit diesem Kind abgespielt?

A: Ich habe zunächst einmal dem Mädchen den Mantel aufgeknöpft.

F: Wie weit haben Sie den Mantel aufgeknöpft?

A: Das kann ich nicht mehr genau sagen, wie weit ich den Mantel aufgeknöpft habe.

F: Was hat sich dann weiter abgespielt?

A: Zunächst habe ich dem Mädchen die Trainingshose runtergezogen und danach die Schlüpfer bis zum Knie. Danach habe ich dann angefangen, am nackten G.-Teil des Kindes zu spielen. Das habe ich ungefähr 5 Minuten gemacht. Hierbei wurde ich geschlechtlich sehr erregt und habe dann auch mein erregtes G.-Teil aus der Hosenküche genommen.

F: In welcher Stellung haben Sie sich dabei befunden?

A: Ich habe mich hingekniet, während das Kind vor mir stand.

F: Nachdem Sie Ihr Geschlechtsteil aus der Hosenküche genommen hatten, was geschah dann weiter?

A: Mit der rechten Hand habe ich weiter am G.-Teil des Kindes gespielt, während ich mit der linken onanierte.

F: Wie lang haben Sie diese Handlung ausgeführt und was geschah dann weiter?

A: Bevor es bei mir zum Samenerguß kam, habe ich aus der Seitentasche meines Jacketts ein Küchenmesser gezogen, dies geschah mit der rechten Hand, und habe dem vor mir stehenden Kind das Messer unterhalb der Brust in die rechte Seite gestoßen, d. h. von mir aus gesehen. Bei dem Kind war es also die linke Seite.

F: Wie weit haben Sie das Messer reingestoßen?

A: Ich schätze ungefähr 4–5 cm. Es war die halbe Schneide des Messers.

F: War es bis zu diesem Zeitpunkt bei Ihnen zum Samenerguß gekommen?

A: Nein, das war es noch nicht. Ich habe noch kurz fertig onaniert.

F: Was geschah mit dem Kind bezw. wie verhielt es sich, wie Sie das Messer in die Seite stießen?

A: Das Mädchen schrie kurz auf und fiel plötzlich um. Hierbei lag es auf dem Rücken. Das Messer steckte noch in der Brustseite des Kindes und aus der Wunde quoll sehr viel Blut.

F: Was haben Sie dann gemacht?

A: Ich bin hin zu dem Kind, d. h. ich habe mich daneben hingekniet und zuerst das Messer aus der Seite gezogen. Aus der Stichwunde sah ich ganz schön Blut herausquellen. Danach habe ich das Mädchen angesprochen, gerufen und gerüttelt. Es hat sich jedoch nicht mehr gerührt und gab auch keinen Laut mehr von sich.

F: Was geschah dann weiter?

A: Nachdem ich festgestellt hatte, daß das Kind tot war, habe ich es von hinten unter die Arme gepackt und habe es 8–10 m weiter in ein Gebüsch geschleift.

F: Haben Sie sich dabei mit Blut beschmiert?

A: Nein, das habe ich nicht, da ich den leblosen Körper von hinten unter die Arme gefaßt und fortgeschleift habe, so daß die Beine auf dem Boden rutschten.

F: Was geschah dann weiter mit dem leblosen Körper?

A: In dem Gebüsch habe ich den leblosen Körper mit dem Gesicht nach unten gelegt. Danach habe ich Laub zusammengekratzt und alles zugedeckt. Als ich damit fertig war, war dort an dieser Stelle nur ein länglicher Laubhaufen zu sehen.

F: Was haben Sie dann mit Ihrem Messer gemacht?

A: Das Messer, bei welchem die Schneide sowie auch der halbe Griff mit Blut beschmiert waren, habe ich sorgfältig abgewischt und dann wieder eingesteckt.

F: Nachdem Sie den leblosen Körper des Kindes zugedeckt hatten, sind Sie dann noch stehen geblieben oder was haben Sie dann gemacht?

A: Ich zunächst einmal mich vergewissert, daß von dem Kind nichts mehr rausguckt, es richtig zugedeckt war, und bin zu meinem Moped gelaufen.

Bevor ich aber dorthin gegangen bin, begab ich mich noch einmal an die Stelle. Wo ich das Kind erstochen habe. Dort stellte ich fest, daß auf dem Erdboden eine Blutlache war. Diese habe ich zunächst mit den Schuhen breitgewischt, und dann bin ich auf dieser Stelle etwas herumgesprungen, so daß ich dadurch dem nicht gefrorenen Boden das Blut in den Boden stampfen konnte. Danach habe ich etwas Laub und Schnee, der dort lag, auf diese Stelle gelegt. Vorher habe ich auch schon die Schleifspur auf diese Art und Weise unkenntlich gemacht.

F: Was haben Sie damit bezweckt?

A: Ich wollte damit die Spuren verwischen.

F: Was geschah dann weiter?

A: Erst dann bin ich zu meinem Moped und bin nach Hause gefahren.

F: Was hat sich zu Hause abgespielt?

A: Es war ungefähr 10.30 Uhr, als ich zu Hause ankam. Meine Frau und meine Pflegetochter waren in der Wohnung. Ich habe zunächst erst noch Abendbrot gemacht, aber nicht viel, und bin dann nach meiner Frau und meiner Pflegetochter gegen 2.00 Uhr ins Bett gegangen.

F: Was hat sich dann am nächsten Tag abgespielt?

A: Da es mir die ganze Nacht keine Ruhe gelassen hatte, bin ich am nächsten Tag zeitig aufgestanden und, nachdem ich mich angezogen hatte, in die Garage gegangen. Von dort habe ich zunächst mein Moped durch den Hausflur nach dem Eingang zur

Straße geschoben. Dann bin ich schnell wieder zurück in den Keller und habe einen Sack geholt.

F: Zu welchem Zweck haben Sie sich den Sack aus dem Keller geholt?

A: Ich hatte die ganze Nacht darüber gegrübelt, wie ich am besten das tote Kind wegschaffen konnte. Ich war zu der Überzeugung gekommen, daß es von dort weg mußte. Hierbei kam mir der Gedanke, daß es am besten sei, das Kind in der Lok im Betrieb zu verbrennen. Aus diesem Grunde habe ich auch den Sack geholt.

F: Was geschah dann weiter?

A: Ich bin mit meinem Moped auf schnellstem Wege zum Küchwald gefahren, und zwar an die Stelle, wo ich das Kind hingelegt hatte. Es war ungefähr 6.15 Uhr, als ich dort ankam. Es war noch sehr finster. Ich habe dann das tote Kind unter dem Laubhaufen hervorgeholt und in den Sack gesteckt.

F: Wie haben Sie das gemacht?

A: Ich habe das Kind zunächst einmal am Kopf etwas angehoben, es war starr und steif, und habe vom Kopf an den Sack über das Kind gezogen. Hierbei stellte ich fest, daß das Kind etwas größer war als der Sack, und deshalb mußte ich es schräg einlegen. An den Sackzipfeln war sehr wenig Platz. Ich konnte jedoch die Enden noch mit einem Bindfaden zusammenbinden. Danach habe ich den Körper mit dem Kopf auf den Lenker gelegt, so daß also die Füße auf dem Sitz zu liegen kamen. Dann habe ich das Moped von dieser Stelle aus, es war immer noch finster, bis zur Burgstädter Straße zum Betrieb gefahren.

F: Welchen Eingang des Betriebes haben Sie genutzt?

A: Ich habe zunächst einmal überhaupt keinen Eingang benutzt, sondern bin damit zu der an das Betriebsgelände angrenzenden Schutthalde gefahren. Auf dieser Schutthalde wird die ganze Asche und Schutt unseres Betriebes täglich abgeladen. Es stehen dort auch einige alte Formerkästen. In einen dieser Formerkästen habe ich dann das tote Kind im Sack reingelegt. Ich muß noch folgendes ergänzen, diese Kästen haben keinen Boden und sind ca. 50 cm hoch, und es standen drei Stück übereinander, so daß also niemand sehen konnte, daß ein Sack dort liegt. Danach habe ich mein Moped angetreten und bin ordnungsgemäß durch den Eingang des Betriebes. Ich habe mich umgezogen und bin zu meinem Arbeitsplatz, der eingangs erwähnten Lok. Dort habe ich dann meinen Kollegen Müller abgelöst und habe meine Arbeit aufgenommen. Nachdem Koll. Müller sich bei mir verabschiedet hatte und die Luft rein war, bin ich schnell runter zu der erwähnten Halde. Dort habe ich aus den Gießereikästen den Sack herausgenommen und bin schnell damit wieder zu meiner Lok im alten Lokhaus. Ich habe dann schnell die Feuerungstür aufgerissen, den Sack aufgebunden und den Körper – mit den Beinen zuerst – in die Feuerung hineinrutschen lassen. Da noch ziemliche Glut im Feuerloch war und der Körper durch die Kleidungsstücke sofort Feuer fing, habe ich zunächst einmal nicht angelegt, die Feuerungstür zugemacht und den Saugzug eingerückt. Nach fünf Minuten habe ich die Feuerungstür wieder aufgemacht, und es war zu sehen, daß der Köper schmorte, und erst dann habe ich einige Schaufeln Brikett aufgelegt. Ungefähr zehn Minuten danach habe ich weitere Schaufeln Brikett aufgelegt, dabei habe ich dann nur die Hälfte des Körpers sehen können. Ich habe nicht lange hingucken können und die Tür schnell wieder zugemacht. In der folgenden Zeit habe ich dann immer wieder mehrmals angelegt. Nach ca. 45 Minuten habe ich dann die große eiserne Schürstange genommen und die Feuerungstür aufgemacht, um die Reste des Körpers zu zerstören. Ich wollte damit erreichen, daß nach Möglichkeit von dem Körper nichts übrig bleibt.

F: Was haben Sie mit dem blutverschmierten Sack gemacht?

A: Ich habe mir einen Eimer heißes Wasser zurecht gemacht und habe darin den blutverschmierten Sack ausgewaschen.

F: Haben Sie irgendwelche Zusätze in das Wasser reingemacht?

A: Ja, ich habe in das heiße Wasser ungefähr ½ Päckchen Seifenpulver reingeschüttet.

F: Wie hat nach dem Auswaschen des Sackes das Wasser ausgesehen?

A: Das Wasser hat rot ausgesehen.

F: Was haben Sie dann mit diesem nassen Sack gemacht?

A: Ich habe diesen nassen Sack an der Lok getrocknet und abends nach Feierabend wieder mit nach Hause genommen.

F: Wo befindet sich der Sack jetzt?

A: Ich habe ihn noch zu Hause, er ist in den vergangenen Jahren zum Kohlenholen benutzt worden.

F: Hat dieser Sack ein besonderes Kennzeichen?

A: Nein, er hat kein besonderes Kennzeichen, ich denke aber, daß ich ihn wiedererkennen kann.

F: Soweit bekannt ist, müssen Sie als Heizer bei Arbeitsschluß Ihre Feuerung entschlacken, stimmt das?

A: Ja, das stimmt. An diesem Tage habe ich so gegen 16.00 Uhr die Feuerstelle der Lok entschlackt.

F: Haben Sie dabei noch Überreste des Körpers des Kindes gefunden?

A: Ja, ich habe noch beim Ausschlacken einige mittlere Knochen gefunden. Vom Schädel oder anderen Teilen war nichts mehr zu sehen.

F: Was geschah mit der Schlacke und den übriggebliebenen Knochen?

A: Diese Schlacke wurde von mir auf den neben dem Heizstand stehenden Hänger geschaufelt. Das wird bei uns im Betrieb immer so gehandhabt, wenn dann der Hänger voll ist, wird er von einem Kollegen der Hofkolonne mit der Eidechse nach der Schutthalde gefahren und abgekippt.

F: Beschreiben Sie die Bekleidung des Kindes!

A: Das Kind hatte eine lange Trainingshose an. Ich kann mich aber nicht mehr genau an die Farbe erinnern. Es kann dunkelbraun gewesen sein, es kann aber auch blau gewesen sein. Dann hatte das Kind einen Mantel an. Dieser Mantel hatte einen kleinen Pelzkragen, und die Farbe des Mantels war weinrot. Ich weiß das genau, weil das Blut von der Farbe des Mantels nicht groß abstach. Weiterhin hatte das Kind einen Pullover, es kann auch sein, daß es eine Strickjacke war, an. Diese sah blau aus und war etwas bunt gemustert. Auf dem Kopf trug das Kind ein rötliches Kopftuch, das war aber nicht ganz rot, sondern gemustert. Ob es Punkte waren, weiß ich nicht mehr genau.

F: Was hatte das Kind für eine Haarfarbe?

A: Das Kind war dunkelblond und hatte Pagenschnitt.

F: Wodurch ist Ihnen der Begriff Pagenschnitt bekannt?

A: Durch meine Pflegetochter, die hat auch einige Zeit diesen Schnitt getragen.

F: Können Sie sich an die Schuhe des Kindes erinnern?

A: Es waren meiner Erinnerung nach eine Art Halbschuhe, an die Farbe kann ich mich nicht mehr genau erinnern.

F: Welche Bekleidung trugen Sie an jenem Tage?

A: Ich habe an diesem Tag eine blaue Manchesterhose getragen, die ich heute noch habe. Diese Jacke habe ich heute noch, sie hängt bei mir in der Bodenkammer.

F: Sind Sie in der Lage, das Waldstück im Küchwald, wo sie das Kind erstochen haben, wiederzufinden?

A: Ja, ich denke, daß ich diese Stelle wiederfinden werde.«

Anselm Wenzlaff findet die Stelle wieder. Beim Lokaltermin gestaltet er das schreckliche Geschehen nach. Die dabei gemachten Fotos lassen schaudern.

Die Kriminalisten wissen, dass sie dieses Geständnis mit ungesetzlichen Mitteln entlockt haben. So existiert auch kein offizielles Protokoll vom Auftritt der Cornelia, der Anselm Wenzlaffs Geständnis provozierte. Wenzlaff unterschreibt, dass keine Aussage von ihm erzwungen wurde. Vielmehr: »Ich hatte immer so ein Gefühl, daß ich es loswerden wollte, um mich zu erleichtern. Die Straftaten, insbesondere das Tötungsverbrechen, haben mich bedrückt. Meine Geständnisse beinhalten die Wahrheit. Ich habe nichts erfunden. Das ist wirklich alles geschehen.«

Den Familien der missbrauchten Kinder und den Frauen, die Anselm Wenzlaff belästigte hatte, teilte man drei Monate nach Tatgeschehen mit, dass die polizeilichen Ermittlungen keinen Erfolg gezeitigt hatten, das Verfahren zu ihrer Strafanzeige eingestellt wäre. Im Juli 1967 erhalten die Verbrechensopfer von der Staatsanwaltschaft Karl-Marx-Stadt Briefe, zum Beispiel Familie Neumann: »Sehr geehrte Frau Neumann! Am 26.2.1960 erstatteten Sie Anzeige wegen unsittlicher Belästigung Ihrer Tochter Juliane. Das daraufhin eingeleitete Verfahren mußte nach umfangreich geführten Ermittlungen vorläufig eingestellt werden, da der Täter unerkannt blieb. Nunmehr können wir Ihnen mitteilen, daß der Täter gefaßt und in Haft genommen werden konnte.« Erleichterung verspüren nicht nur die Eltern.

Am 8. Juni 1968 ist der Prozess Anselm Wenzlaff beendet: »Im Namen des Volkes wird der Angeklagte mit lebenslangem Zuchthaus bestraft.«
Handschriftlich teilt der Verurteilte dem Gericht noch folgende Zeilen mit: »ich sehe meine Strafbarehandlung ein und will sie mit meiner ganze kraft zu ferfügung zu stelen um in der DDR ein neuhes Leben an fangen. Hoch achtungsvoll Anselm Wenzlaff
Liebe Mutti schreibe mir wider.«

5. Tat und Worte

35 Jahre später erschütterte die Entführung und Ermordung des Bankierssohns Jakob von Metzler in Frankfurt am Main die Öffentlichkeit. Allgemeine Erregung erzeugte dabei auch der Umstand, dass die Polizei dem Mörder das Geständnis mit ungesetzlichen Mitteln entlockte. *Der Spiegel* berichtete: »Es war gegen 8 Uhr morgens am 1. Oktober 2002, als im Verhörzimmer des Frankfurter Polizeipräsidiums härtere Saiten aufgezogen wurden. Sieben Stunden lang hatten Fahnder den Verdächtigen Magnus Gäfgen während der Nacht bereits vernommen. Der Student log sie immer wieder an. Bestritt, der Entführer des Bankierssohns Jakob von Metzler zu sein. Zwischendurch

machte er sich sogar über die Beamten lustig. Wegen seiner Jura-Kenntnisse, so sagten die Kripo-Leute später, habe er sich wohl unangreifbar gefühlt.
Frankfurts Vize-Polizeipräsident Wolfgang Daschner kannte jedes Wort der ergebnislosen Vernehmung. Der Chef-Fahnder wusste, dass Gäfgen der Täter sein musste. Immer wieder hatte er sich mit seinen Beamten beraten, war selbst in die Befragung eingestiegen und bestellte selbst die Mutter des Verdächtigen ins Präsidium. Nichts half. Deshalb traf Daschner nach wenigen Stunden Schlaf die wohl verhängnisvollste Entscheidung seiner Karriere. Im Führungsstab des Präsidiums diktierte er seinen Beamten, sie sollten Gäfgen bei der nächsten Vernehmung ›Schmerzen‹ androhen.
Daschners Untergebene gehorchten. Zurück im Vernehmungszimmer rückte einer der Beamten ganz nah vor den Verdächtigen, packte seine Schultern und sprach mit leiser Stimme. Das ganze hier sei ›kein Spiel‹. Gäfgen müsse mit Schmerzen rechnen, die er noch nie in seinem Leben gekannt habe, wenn er nicht endlich auspacke. Per Hubschrauber sei ›ein Experte‹ unterwegs, der sein Folterhandwerk verstünde, ohne dass dabei Spuren hinterlassen würden. Dabei soll der Kripo-Mann die Rotorengeräusche des Helikopters nachgeahmt haben.
Die Drohung allein wirkte. Innerhalb der nächsten 25 Minuten legte Gäfgen ein umfassendes Geständnis ab. Der Jura-Student berichtete, dass er Jakob von Metzler entführt habe und wie die Tat abgelaufen sei. Dass er

Geld brauchte und deshalb den Bankierssohn ausgesucht hatte. Auch dass er es war, der schließlich das millionenschwere Lösegeld in einem Waldstück abgeholt habe, gestand er. Nur eine Hoffnung der Fahnder erfüllte sich nicht. Statt den Ermittlern zu verraten, wo er Jakob versteckt hielt, konnte Gäfgen nur noch sagen, wo sie die Leiche des Entführten finden würden. So spektakulär wie der tragische Entführungsfall war auch die Diskussion, als all diese Fakten Monate nach dem Kidnapping ans Tageslicht kamen. Urplötzlich stand das absolute Folterverbot in Deutschland zur Diskussion. Die Republik debattierte, ob Daschner richtig gehandelt hatte oder nicht. Darf ein Polizist in einer solchen Ausnahmesituation Folter zumindest androhen, um das Leben eines Kindes zu retten, fragten sich Rechtsexperten und Bürger. Oder fällt mit der Legitimierung der Drohung nicht das ganze Folterverbot? Bis heute gibt es viele Meinungen und doch keine Antwort auf diese Frage.«

Quellen

Akten des Staatsarchivs Chemnitz, Tageszeitungen wie *Volksstimme, Freie Presse, Neues Deutschland,* Wochen- und Monatsjournale wie NBI, *Für Dich, Der Spiegel, Die Zeit, Das Magazin,* Internet

Autorenkollektiv: *Unser Haushalt.* Leipzig 1968

Bastian, Horst: *Die Brut der schönen Seele.* Berlin 1976

Britton, Paul: *Das Profil der Mörder.* München 1998

Dürrenmatt, Friedrich: *Drei Kriminalromane.* Berlin 1979

Ennigkeit, Ortwin; Höhn, Barbara: *Um Leben und Tod.* München 2011

Eumann, Jens: *Der Frauenrumpf im Mühlenwehr.* Chemnitz 2001

Girod, Hans: *Der Kannibale.* Berlin 2000

Girod, Hans: *Leichensache Kollbeck.* Berlin 1998

Grashoff, Udo: *In einem Anfall von Depression.* Berlin 2006

Hamilton, Patrick: *Gaslicht.* In: *Kriminalstücke.* Berlin 1988

La Fontaine, Jean de: *Fabeln.* Berlin, 1955

Lochte, Adrienne: *Sie werden dich nicht finden.* München 2004

Pfeiffer, Hans: *Die Sprache der Toten.* Berlin 1968

Pfeiffer, Hans: *Die Spuren der Toten.* Berlin 1977

Pfeiffer, Hans: *Der Zwang zur Serie.* Leipzig 1996

Szibik, Heinz: *Sozialistischer Strafvollzug.* Berlin 1969

Wiese, Annegret: *Mütter, die töten.* München 1996

Wulffen, Erich: *Der Sexualverbrecher.* Berlin 1910